역사를 질문하는 역사 ◦

2 근현대 한국사

생각을 여는 질문으로
사고력을 키우는 역사 토론 수업

역사를 질문하는 역사 2 근현대 한국사

최광영 지음

곰곰

'질문'과 '의심'이 나만의 관점을 만들어 줄 것입니다

'수업을 잘하는 교사가 되고 싶다.' 역사 교사를 꿈꾸던 대학생 시절부터 제 꿈은 한결같았습니다. 그 꿈을 이루기 위해 핵심 개념을 깔끔하게 판서하고, 역사적 사건을 재미있게 이야기하는 교사가 되려 노력했지요. 그렇게 마치 인터넷 강사처럼 수업해 오던 중 제 생각을 완전히 바꾸는 사건이 일어났습니다.

2019년 여름, 독립운동 단체인 의열단을 주제로 수업을 한 날이었어요. 저는 의열단원 김상옥, 김익상, 나석주의 활동을 '실감 나게' 설명했고 학생들은 눈을 반짝이며 경청했습니다. 수업이 끝난 후, 평소 공부에는 크게 관심 없지만 활력이 넘치는 한 학생이 "난 의열단이다!"라고 외치며 장난감 총을 갖고 장난을 치기도 했어요. 저는 '내 수업이 저 학생마저도 역사에 빠져들게 했구나'라며 스스로 만족했죠. 그러나 곧이어 그 학생이 이렇게 질문했습니다. "선생님! 의열단은 의씨예요?" 이 천진한 질문을 듣고 저는 깊은 고민에 빠졌습니다. 수업을 잘하고 있다고 생각했지만, 실상 역사적 개념과 사건은 학생들에게 별 의미 없는 단어의 나열일 수 있음을 깨달은 순간이었습니다.

그때부터 저는 끊임없이 자문하고 고민했습니다. '수업을 잘한다는 건 무엇일까?', '어떻게 하면 역사라는 과목이 학생들에게 의미를 가질 수 있을까?' 제가 내린 나름의 결론은 시험 때만 잠깐 쓰고 없어지는 지식을 전달하는 게 아니라, 학생의 역량을 키우는 수업을 하는 것이었습니다. 특히 학생들이 주어진 지식을 비판 없이 수용하고 암기하기보다는 스스로 생각하고 판단하는 '의심'의 습관을 기르고, 자기 의견을 정리해 타인과 나누는 의사소통의 기회를 가질 수 있기를 바랐습니다. 이를 위해 교과서의 내용과 상반되거나, 교과서의 지식을 다각도에서 생각해 볼 수 있는 질문, 단순히 과거에 머물지 않고 오늘날의 사회를 성찰해 볼 수 있는 질문들을 수업의 핵심 논제로 설정하고, 매 수업 토론을 진행했습니다.

학생들은 질문에 대한 자신의 생각을 발표하고 서로 의견을 주고받으며 사고를 확장해 나갔고, 교사인 저에게 깊은 감동을 주었습니다. 학생이 수업의 주도권을 갖고 자신만의 관점을 만들어 가는 모습, 역사 지식에서 출발해 현대 사회의 문제와 연관 짓는 모습들을 보며 학생은 물론 저 역시 성장하고 있다는 보람을 느꼈습니다.

이 책은 2019년부터 저와 학생들이 함께 만들어 온 수업을 바탕으로 만들어졌습니다. 2019년, 2020년, 2021년 포곡중학교 3학년 학생들, 2022년 안양부흥중학교 3학년 학생들에게 감사의 말을 전합니다. 또한 먼저 원고를 읽고 청소년 독자의 시각에서 의견을 전해 준 김민주, 정소윤, 조윤주 학생의 노력이 이 책의 완성도를 더욱 높여 주었습니다.

교사 한 명이 역사적 사건을 설명하면 한 가지 관점에만 머물지만, 여러 학생이 서로 생각을 나누면 하나의 사건을 놓고도 다양한 관점이 존재한다는 점을 학습할 수 있습니다. 수업 시간에 학생들과 대화하고 토론을 하는 이유는 이러한 저의 신념 때문입니다. 이 책을 통해 많은 청소년 독자가 지금껏 당연하게 여겼던 것을 비판적으로 바라보고 질문하며 자신의 관점을 더해 가기를 희망합니다. 학생들이 수업 때 발표한 의견들은 '너의 생각을 들려줘' 코너에 수록되었고, 독자들에게 생각의 길잡이가 되어 줄 것입니다.

책이 세상에 나오기까지 도움을 주신 분들이 많습니다. 《역사를 질문하는 역사》 1권(전근대 한국사)을 집필한 김선진 선생님과는 어떤 주제가 학생들에게 의미 있게 다가갈지 함께 의논하고, 집필 과정에서 고민이 되었던 지점들을 상의할 수 있어 크게 의지가 되었습니다. 처음 책을 집필하는 터라 출판의 문법에 익숙하지 않았지만 휴머니스트 편집진의 도움으로 즐기며 책을 써 나갈 수 있었습니다. 감사드립니다.

끝으로 항상 아들을 위해 헌신하시고 든든한 버팀목이 되어 주시는 아버지, 어머니, 그리고 임신과 출산이라는 위대하고도 험난한 과정 속에서도 책을 쓰는 남편을 늘 지지하고 격려해 주고 때로는 국어 교사로서 전문성을 살려 근대 국어 사료 분석과 해석에 큰 도움을 준 아내 지연에게 사랑과 감사의 마음을 전합니다. 이 책과 같은 시기에 태어날 우리 아들 희강이가 밝고 건강하게 자라기를, 또 언젠가 아빠의 책을 읽고 즐거운 자극을 받기를 사랑을 담아 기원해 봅니다.

최광영

차례

1장

제국주의는 종식되었나요?

●

1863년 철종이 아들 없이 사망하자, 왕족 흥선군 이하응의 아들이 조선 제26대 왕 고종으로 즉위합니다. 고종은 즉위 당시 12세였기에, 대원군[*] 이하응이 아들을 대신해 국정을 운영하게 되었어요. 흥선대원군은 중국을 굴복시킨 서양 세력이 조선에 침략적으로 접근하자 거기에 맞서며 서양을 배척하는 태도를 보였습니다.

그러나 고종이 성인이 되고 직접 정치에 나서며 조선 정부는 외교 정책의 방향을 수정했어요. 이때 서양의 문물을 받아들이며 근대화를 꾀하고 있던 일본이 조선에 접근합니다. 일본 역시 서양처럼 힘을 앞세워 조선과 불평등조약을 맺습니다. 이후 조선은 영국, 독일 등과 잇따라 조약을 체결하며 제국주의 세계와 마주하게 됩니다.

[*] 왕의 친아버지이지만, 왕이 아니었던 인물을 부르는 칭호.

제국주의란 무엇인가요?

18세기 중반 유럽에서는 산업혁명이 일어납니다. 증기기관과 방적기계의 발명으로 상품의 생산 속도가 빨라지고 경제 규모 또한 이전과 비교할 수 없을 정도로 커졌어요. 증기기관차, 증기선 등 새로운 교통수단을 비롯해 전신과 전화 같은 통신 기술도 발명되었습니다. 이러한 혁신으로 상품을 판매할 수 있는 시장이 확대되고 교역도 활발해졌어요.

19세기에 들어서며 서양 국가들은 더 많은 상품을 만들고 팔기 위해 다른 나라로 눈을 돌립니다. 아시아와 아프리카, 남아메리카 대륙이 그 표적이었어요. 그들은 총과 대포를 앞세워 이 지역을 식민지로 만들었으며, 상품의 원료를 약탈하고 자국의 상품을 판매함으로써 경제적 이익을 극대화하고자 했습니다. 그러면서 식민지 주민들을 노예로 동원해 노동력으로 삼았어요.

1899년 미국의 잡지 《저지(Judge)》에 실린 삽화 '백인의 짐'. 영국과 미국 제국주의의 침략을 미개한 나라를 문명으로 이끌어 가는 것으로 묘사했다.

이때 서양 세력은 인간 사회는 한 방향으로 발전해 나간다는 '사회진화론'을 내세웠습니다. 이는 백인이 다른 인종보다 먼저 산업혁명을 이루었기에 더 우월하다는 생각으로 이어졌어요. 그리고 아직 산업혁명을 이루지 못한 지역을 뒤처진 것으로 간주하며 자신들의 침략 행위를 정당화했습니다. '우수한 백인이 미개한 지역에 문명을 전달해 주는 것'으로 말이에요. 또 강대국이 약소국을, 강자가 약자를 지배하는 것은 자연의 법칙이라고 주장했어요. 이러한 주장 역시 식민지에서 행해지는 폭력과 수탈을 당연한 것으로 만들었습니다.

이처럼 강력한 군사력과 경제력을 동원해 다른 나라를 정치적, 경제적, 문화적으로 지배하려는 정책을 제국주의라 부릅니다. 이번 장에서는 조선이 제국주의에 어떻게 대응했는지를 중심으로 제국주의가 동아시아의 역사에 끼친 영향과 그 유산을 살펴보겠습니다.

제국주의는 동아시아에 어떤 변화를 가져왔을까요?

아시아와 아프리카 대륙은 제국주의의 주된 표적이었어요. 스스로 세계의 중심이라고 자부했던 중국도 예외는 아니었습니다. 영국은 아시아의 가장 큰 시장인 중국에 무역을 요구했어요. 그러나 당시 중국의 청나라 왕조는 영국과 국가 대 국가로 동등한 무역을 할 생각이 없었습니다. 청나라는 '서양 오랑캐를 불쌍히 여겨 뛰어난 중국의 문물을 받아들일 수 있도록 은혜를 베푼다'는 생각으로 폐쇄적인 무역을 하고 있었지요. 이에 불만을 품은 영국은 무역에서 이익을 보기 위해 아편(마약의 일종)을 중국에 몰래 판매하게 됩니다. 이처럼 제국주의 국가는 이익 앞에서는 수단과 방법을 가리지 않았어요. 아편 중독자들이 넘쳐

나 사회의 큰 문제가 되자 청나라 정부는 아편 판매를 단속했습니다. 영국은 이를 구실로 전쟁을 일으킵니다(아편전쟁, 1840).

영국은 청나라를 이기는 일이 쉽지 않으리라고 예상했습니다. 그런데 청나라는 생각했던 것보다 우물 안 개구리이자 종이호랑이였어요. 막상 전투가 벌어지자 나무로 만든 중국 배는 영국의 함선이 쏘는 포에 산산조각 났고 전쟁은 쉽게 영국의 승리로 끝났습니다.

그 결과 청나라는 동아시아 최초로 영국과 조약(난징조약, 1842)을 맺게 됩니다. 이 조약은 공정하지도 않았고 영국의 요구만 일방적으로 반영되었어요. 이후 청나라는 여러 서양 국가의 심한 간섭을 받으며 반(半)식민지 상태가 됩니다. 제국주의는 그동안 동아시아에서 당연시했던 중국 중심의 세계관을 흔들어 놓았어요. 동아시아에서 가장 강력한 청나라를 이긴 서양 강대국들은 더 이상 거리낄 것 없이 아시아 곳곳으로 침략의 손길을 뻗칩니다.

중국 시장이 열리자 여러 제국주의 국가가 청나라를 찾아왔습니다. 미국의 경우 청나라와 지리적으로 멀어서 선박의 연료를 채울 중간 기항지가 필요했어요. 이때 미국의 눈에 들어온 나라가 일본이었습니다. 미국은 함대를 이끌고 일본에 수교를 요구했습니다. 이미 청나라의 소식을 알고 있었던 일본은 서양 세력에 저항하는 것은 현실적으로 어렵다고 판단했고, 그렇게 미일 화친조약(1854)이 맺어집니다. 이후 일본은 네덜란드, 영국, 러시아 등과 잇따라 수교하며 제국주의의 물결에 편입되었어요. 그러면서 스스로 제국주의 국가의 길로 들어서게 됩니다.

조선은 제국주의의 침략에 어떻게 대응했을까요?

제국주의의 물결은 조선의 코앞까지 다가옵니다. 1831~1860년 동안 서양 국가의 배가 조선의 해안에 30차례 가까이 출몰했어요. 조선인들은 생전 처음 보는 큰 키에 파란 눈, 노랑머리의 외국인이 이양선*을 타고 나타나면 경계하고 두려워했습니다. 흥선대원군은 백성들의 혼란을 막고자 서양 세력을 철저히 배척했어요. 조선 정부는 청나라가 영국과 굴욕적인 조약을 맺은 사실을 알고 있었기에 경계심을 늦추지 않았습니다.

그러나 서양의 문화는 이미 조선에 스며들고 있었어요. 서양 세력은 정치적·경제적 침략과 더불어 선교 활동을 중요시했

* 서양인이 타고 온 증기선은 조선인이 익히 알던 배 모양과 달라서 이상한 모양의 배라는 뜻의 '이양선'으로 불렸다.

기에 비밀리에 파견된 서양의 선교사들이 조선에도 존재했습니다. 이들의 포교 활동으로 조선에는 천주교 신자가 적지 않았습니다. 그러나 성리학을 중시하는 조선에서 조상에 대한 제사를 거부하는 천주교를 인정하기는 어려웠습니다. 조선 정부는 천주교도에 대한 대대적인 탄압에 나섭니다. 1866년(고종 3) 8,000여 명의 조선인 천주교 신자가 처형당했고 프랑스 선교사 역시 12명 중 9명이 체포되어 처형됩니다. 이 사건을 병인박해라고 합니다.

청나라에 머물고 있던 프랑스 해군이 이 소식을 듣고 선교사들의 죽음에 대한 책임을 묻고 조선과의 불평등조약을 체결하기 위해 강화도로 함대를 이끌고 옵니다. 조선과 프랑스 사이에 군사적 충돌이 발생한 것입니다(병인양요, 1866). 프랑스군의 막강한 화력에 굴복한 조선군은 강화도를 한 달 정도 내줘야 했습니다. 하지만 양헌수가 이끄는 조선군이 정족산성에서 반격했고, 조선이 협상할 뜻이 없다고 판단한 프랑스군은 철수합니다.

같은 해 평양에서는 미국 상선 제너럴셔먼호가 통상을 요구하며 민간인을 살해하는 일이 있었습니다. 평안도의 조선군은 화공으로 이 배를 불태워 버렸어요. 5년 후 미국은 이 사건을 구실 삼아 조선에 군대를 파견합니다(신미양요, 1871). 미국 해군은 압도적인 무기로 강화도를 압박했고 상륙작전이 벌어진 지 하루 만에 조선군은 패배합니다. 미군 측 기록에 따르면 조선군은 지휘관이었던 어재연을 포함해 350여 명이 사망했으나 미군 사망자는 세 명에 불과했습니다. 미국은 조선이 굴복하고 조약을 맺을 것이라 예상했어요. 하지만 조선 정부는 미국의 요구를 거부하며 끝까지 싸우겠다고 했죠. 결국 목표를 이루지 못한 미군은 철수하고 흥선대원군은 서양을 배척하는 정책을 더욱 강화하게 됩니다.

조선은 어떻게 제국주의의 세계질서에 편입되었나요?

고종이 성인이 되어 직접 정치를 하면서 변화하는 세계질서에 대응해야 한다는 의견을 가진 신하들이 정부 내에서 영향력을 키워 갔어요. 그러던 조선에 일본이 접근하기 시작했습니다. 당시 일본은 메이지유신으로 나라의 시스템을 서양 제국주의식으로 바꿔 가고 있었습니다. 신분제를 폐지하고 서양의 기술을 도입하고 의무교육 제도를 실시하는 등 완전히 다른 나라로 탈바꿈하고 있었죠.

일본은 자신들이 서양 세력에 당했던 것과 똑같은 방식으로 조선을 개항하려고 했습니다. 1875년 일본은 무장한 함선 운요

호를 조선에 보냅니다. 운요호는 부산을 거쳐 강화도와 영종도를 습격해 조선의 수군을 공격하고 민간인을 학살하고 방화합니다. 명백한 침략 행위였지만 일본은 오히려 조선을 탓했어요. 일본 국기를 게양한 운요호에 먼저 공격을 시도했다는 이유였습니다. 일본은 억지를 부리며 조약 체결을 강요했고 결국 조선은 '강화도조약(1876)'을 맺게 됩니다.

강화도조약은 조선 최초의 근대적 조약이자 불평등조약입니다. 조약에는 본래 양 국가의 권리와 의무가 담겨야 하는데, 강화도조약은 일본의 권리와 조선의 의무만 담겨 있기 때문이에요. 이 조약으로 일본은 조선에 와서 교역을 할 수 있게 되었습니다. 또한 일본인이 조선에서 범죄를 저지르더라도 조선 법이 아닌 일본 법에 따라 재판받게 됩니다. 영사재판권이라고도 부르는 이 조항으로 인해 조선은 국가의 주요한 통치권인 사법권을 침해받게 되었습니다.

조선 정부는 이후 미국, 영국, 독일, 이탈리아, 러시아, 프랑스와 차례로 조약을 맺었는데 모두 불평등한 요소를 담고 있었습니다. 힘의 논리가 적용되는 제국주의 세계질서에서 이는 당연한 것이었습니다.

오늘날까지 남은 제국주의의 유산은 무엇일까요?

지금까지 조선이 제국주의 세계질서에 편입되는 과정을 살펴보았습니다. 제국주의 국가들과 불평등조약을 체결한 뒤 조선에는 외국 상품이 대량으로 유입되었고 국내 산업은 위기를 맞게 됩니다. 또 마땅한 수출품이 없었던 조선은 외국 상품을 들여오는 대가로 쌀을 지급했는데, 이는 심각한 식량 부족 문제로 이어졌습니다. 결국 불평등조약 체결된 지 30여 년 뒤에 조선은 일본 제국주의의 지배를 받게 되지요.

강력한 군대와 폭력을 앞세워 불평등조약을 강요하고 사람과 물자를 수탈하는 제국주의 체제는 조선뿐 아니라 인류 역사에 지울 수 없는 상처를 남겼습니다. 제국주의에 의해 가장 큰 피해를 받은 지역은 아프리카입니다. 아프리카 대륙의 대부분이 식민 지배를 당했고 그 영향은 현재진행형이에요.

아프리카 국가들의 국경선이 자로 잰 듯 반듯하게 그어져 있다는 사실을 아나요? 이는 제국주의 국가들이 자신들의 편의에 따라 정한 국경선이 오늘날까지 이어져 오고 있기 때문입니다. 아프리카인들은 어느 날 갑자기 같은 부족민이 다른 나라 국민이 되기도 하고, 원수 같은 부족과 같은 나라 국민이 되는 일을 겪어야 했습니다. 이런 이유로 아프리카에서는 여전히 부족 간,

국가 간의 갈등이 심각하고 내전도 빈번하게 발생하지요.

제국주의는 경제적 문제도 불러일으켰습니다. 제국주의 국가들은 식민지의 청년을 노예로 삼아 착취했습니다. 국가의 경제활동을 책임져야 할 핵심 인력이 사라지면서 피지배국은 경제성장이 뒤처질 수밖에 없었어요.

또한 식민지의 경제와 산업구조는 제국주의 국가의 이익을 위해 이루어졌기에 식민 지배가 끝난 오늘날까지도 경제적으로 예속된 경우가 많습니다. 예를 들면 베냉, 중앙아프리카공화국, 세네갈, 콩고 등에서는 CFA 프랑을 통화로 사용합니다. 이는 과거 식민 지배자였던 프랑스의 화폐 프랑을 기준으로 환율이 결정됩니다. 프랑스가 환율을 조정하면 거기에 영향을 받는 것이죠. 이런 경제적 예속으로 프랑스는 아프리카 여러 국가에 영향력을 행사할 수 있었고 2000년대까지도 프랑스는 자신들의 입맛에 맞는 지도자가 권력을 차지하도록 지원했어요. 가봉의 오마르 봉고, 코트디부아르의 우푸에 부아니 등은 프랑스의 지원 아래 장기 집권한 지도자들입니다.

제국주의는 야만적인 폭력 문화를 남기기도 했습니다. 제국주의 국가는 무력으로 다른 나라를 침략했고, 그 나라를 지배할 때도 폭력을 주요한 수단으로 사용했습니다. 벨기에는 지금의 콩고를 식민 지배할 때 콩고인이 고무 채취 할당량을 채우

독일의 식민 지배에 저항하며 반란을 일으켰다가 포로로 붙잡힌 헤레로족과 나마족의 모습. 독일은 1904년에서 1907년 사이 헤레로인과 나마인 수만 명을 학살했다.

지 못하면 손목을 잘랐습니다. 독일 역시 나미비아 주민들을 폭력으로 다스렸어요. 독일인의 질문에 공손하게 대답하지 않거나 독일인에게 불만을 표했다는 이유로 주민들은 채찍을 맞고 쇠사슬에 묶여 있어야 했습니다. 또 독일의 지배에 반대하며 봉기한 수만 명을 학살했어요. 제국주의는 권력자가 폭력을 쓰는 것을 당연하게 만들고, 평화적인 방법으로 갈등을 해결하는 것보다 폭력이 더 효과적이라는 인식을 사람들에게 심어 놓은 것은 아닐까요?

세계화는 제국주의의 또 다른 이름일까요?

흔히 제국주의는 두 차례의 세계대전을 거치며 거의 막을 내렸다고 말합니다. 그러나 우리는 여전히 제국주의 시대에 살고 있다는 주장도 있어요. 현대사회의 세계화는 곧 제국주의의 확장이며 강대국이 다른 지역을 경제적·문화적·정신적으로 식민화하는 수단이라는 것입니다. 정말 그럴까요?

세계화라는 단어는 우리에게 아주 친숙합니다. 현대사회는 국가와 국가가 긴밀하게 연결되어 있지요. 몇몇 나라를 제외하면 나라 간의 여행이나 이동이 자유롭고 대부분 영어로 기초적인 수준의 의사소통이 가능합니다. 스마트폰을 사용하며 햄버거를 먹는 모습, 전 세계에서 동시 개봉한 영화를 관람하는 모습 등을 어렵지 않게 볼 수 있지요. 이렇게 교통과 정보통신 기술로 전 세계가 연결되는 세계화를 우리는 발전된 것으로 인식합니다. 세계화가 점점 확대되면서 지구를 하나의 거대한 마을처럼 여기는 '지구촌' 개념도 등장했죠.

그런데 전 세계적 연결은 누구를 위한 것일까요? 위의 내용을 곱씹어 볼까요? 오늘날 모두가 전 지구를 자유롭게 여행할 수 있나요? 여행을 다니는 사람들은 옛 제국주의 국가의 국민이 대부분이고, 제국주의의 피해를 받은 국가는 여행지로 분류

되는 것이 일반적입니다. 반대로 식민 지배를 받은 국가의 사람들이 자유로운 이동과 여행을 누리는 경우는 확연히 적지요.

먹거리 역시 마찬가지예요. '빅맥 지수'라고 들어 봤나요? 빅맥 지수란 맥도날드 빅맥 햄버거의 가격으로 각국의 물가와 통화 가치를 평가하는 경제지표입니다. 세계 대부분 지역에서 맥도날드 햄버거를 사 먹을 수 있기에 가능한 지표이지요.

문화 콘텐츠는 어떤가요? 전 세계에서 가장 많이 상영되고 흥행한 시리즈 영화는 마블의 어벤져스 시리즈입니다. 여러 영웅이 등장하지만, 이야기의 중심축은 미국 재벌인 아이언맨과 미국 군인인 캡틴 아메리카입니다. 또 요즘은 넷플릭스 같은 OTT 서비스가 서양에서 유행하는 여러 문화 콘텐츠를 실시간으로 세계 각국에 송출하고 있습니다. 이를 종합해 보면, 각국의 문화가 서로 어우러진다기보다는 미국을 비롯해 거대 자본이 뒷받침된 강대국의 문화가 일방적으로 유통되고 있다는 사실을 알 수 있습니다.

제국주의의 여파는 방대하며 여전히 현재진행형입니다. 오늘날 세계화가 자본주의에 의한 또 다른 제국주의 지배일 수 있는 것처럼, 우리 일상 속에 여전히 제국주의의 유산이 남아 있을지도 모릅니다. 우리의 사고방식과 생활 모습에서 제국주의적인 요소를 찾는다면 어떤 것이 있을까요?

너의 생각을 들려줘

생활 속 제국주의는 가스라이팅의 모습으로 나타나는 것 같다. 가스라이팅이란 타인의 심리나 상황을 교묘하게 조작해 그 사람이 스스로를 의심하게 만듦으로써 타인에 대한 지배력을 강화하는 행위를 말한다. 흔히 서양의 강대국을 먼저 발전한 나라라는 뜻에서 선진국, 그 밖의 나라들을 후진국이라고 표현한다. 나라마다 고유의 문화와 강점이 있을 텐데 이런 표현은 서양의 강대국처럼 되어야 하며 그렇지 않으면 뒤처진 것처럼 생각하게 한다. 새로운 제국주의는 문화적으로 가스라이팅을 하고 있고, 이건 과거의 제국주의보다 더 교묘하고 무섭게 느껴진다. 타인이 자신을 지배한다는 사실을 모른 채 문제가 스스로에게 있다고 생각함으로써 저항하기가 더 어렵기 때문이다.

아이돌 문화에서도 제국주의적인 모습을 찾아볼 수 있다. 아이돌이 미국에 진출해 미국 음원차트에서 1위를 하면 국내 음원차트 1위를 한 것보다 언론의 주목을 더 많이 받는다. 이는 미국에서 인정받는 것이 더 값진 일처럼 느끼게 한다. 그리고 국내에서 인기를 얻은 아이돌도 해외 진출을 하면 꼭 영어 이름을 짓고 영어로 노래를 부른다. K-pop이 정말 우리의 자랑스러운 문화라면 아이돌이 해외 진출을 하더라도 우리말로 된 이름과 노랫말을 유지하고 그것을 전파할 수 있어야 한다고 생각한다.

미국을 중심으로 한 영어권 문화가 글로벌 문화라는 이름으로 일상 속에 많이 스며들어 있는 것 같다. 최근 우리 반 친구들은 졸업 사진을 어떤 콘셉트로 찍을지 고민이 많다. 단연 하이틴, 해리포터, 디즈니 공주가 대세다. 여기서 하이틴은 미국 10대들의 패션이고, 해리포터는 영국 영화이며, 디즈니는 미국 애니메이션 회사다. 우리는 모두 이것을 예쁘다고 좋아하며 따라하려고 한다. 또 10대들은 아이폰을 쓰지 않으면 촌스럽고 뒤처진다고 여긴다. 실제로 10~20대가 애플사의 기기를 사용하는 비율이 높다는 뉴스를 보았다. 이처럼 미국과 서양의 문화를 동경하는 것은 자연스러운 현상이 아니라 자연스럽게 느껴지도록 만들어진 건 아닐까?

한국 사회가 외국인을 대하는 방식에서 제국주의의 흔적을 발견할 수 있다. 베트남이나 캄보디아 등 약소국 출신의 노동자들을 '이주노동자'라고 부르면서 차별하고 혐오하는 경우가 많다. 똑같이 외국에서 온 노동자인 백인 영어 강사는 이주노동자라고 부르지 않으면서 말이다. 또 외국인이 도움을 요청할 때 그 사람이 당연히 영어를 할 수 있을 것이라고 생각하거나, 혹은 내가 영어를 잘하지 못하는 것을 부끄러워하는 것도 제국주의의 영향이라고 생각한다.

2장

민중과 엘리트는 대립하는 관계인가요?

●

중국과 일본보다 늦게 나라의 문을 연 조선은 나름대로 '서양 따라잡기'를 시작합니다. 이를 근대화 운동 또는 개화 정책이라고 부릅니다. 조선 정부는 개화의 총괄 기관인 통리기무아문을 설치하고 외교, 정치제도, 외국어, 각종 기술 등 다방면에 걸쳐 서양을 따라잡으려 노력합니다. 이런 변화 속에서 새로운 조선을 꿈꾸는 젊은 엘리트들도 등장하게 됩니다. 그러나 갑작스러운 변화는 무리한 정책과 세금 인상으로 이어지고, 지방에서는 민중이 탐관오리의 횡포로 고통받았습니다. 정부가 개화 정책을 추진하는 동안 조선의 엘리트와 민중은 각자의 방식으로 조선을 바꾸려 합니다.

민중과 엘리트는 어떤 관계일까요?

고대 그리스의 철학자 플라톤은 이렇게 이야기했습니다. 민중은 무지몽매하고 감정적이어서 예측할 수 없으니 현명하고 이성적인 엘리트가 사회와 국가를 이끌어 가야 한다고 말이죠. 올바른 판단을 내릴 능력이 없는 민중이 정치적 권한을 갖게 되면 국가의 운영 방향이 엉뚱한 곳으로 갈 수 있다는 취지였습니다.

한편 영국의 역사학자 아널드 토인비는 《역사의 연구》에서 민중과 엘리트를 이렇게 설명합니다. 인간은 '창조적 소수'와 '비창조적 다수'로 구분되고, 창조적 소수를 중심으로 뭉칠 때 문명이 성장한다고 말이에요. 창조적 소수인 엘리트가 역사를 변화시켜 나간다는 것입니다. 다만 시간이 지나며 엘리트가 창조성을 상실했음에도 계속 사회를 지배하려고 할 때 다수인 민중이 엘리트에 저항하는 것 역시 역사의 흐름이라고 덧붙입니다.

동양에도 이와 관련된 격언이 있습니다. 중국 춘추전국시대의 사상가 순자는 '군주민수(君舟民水)'라고 말했어요. 임금은 배이고, 민중은 물이라는 뜻입니다. 물은 배를 띄우기도 하지만 배를 침몰시키기도 하지요. 즉 민중은 지배자를 떠받치는 존재인 동시에 지배자를 몰락시킬 수 있는 존재라는 것입니다.

위의 의견 중 공감되는 게 있나요? 과연 엘리트와 민중은 어떤 관계가 되어야 할까요? 이번 장에서는 1880~1890년대 각각이 주체가 되었던 갑신정변과 동학농민운동을 살펴보며 두 주체의 관계에 대해 생각해 보겠습니다.

1880년대 조선의 엘리트들이 보고 온 이상은 무엇일까요?

조선 정부는 개화 정책의 방향을 잡기 위해 여러 나라에 사절단을 보냈습니다. 그동안 교류하지 않았던 서양 국가들의 면면을 파악하고, 조선보다 먼저 서양과 교류한 나라들의 변모(바뀐 모습)를 확인하기 위해서였죠. 가까운 청나라와 일본은 물론 미국에도 조선 청년들이 파견됩니다.

1883년 미국에 파견된 민영익, 홍영식, 서광범, 유길준, 변수, 최경석 등 여덟 명의 사절단을 보빙사라고 부릅니다. 보빙사는 워싱턴, 보스턴, 뉴욕 등을 방문했고, 아서 미국 대통령을 접견하기도 했습니다. 당시 뉴욕은 뉴욕 지하철의 원형인 도시철도가 운행 중이었고 건물에는 엘리베이터가, 거리에는 전등이 있었어요. 그 밖에 미국의 육군사관학교, 우체국, 소방서 등을 둘러본 보빙사 일행은 유럽으로 건너갔습니다. 이탈리아, 프랑스, 영국을 둘러본 후 이집트를 방문하고 인도를 거쳐 이듬해인 1884년 조선으로 돌아오는 긴 여정이었죠. 여행을 마치고 귀국한 민영익은 미국 공사를 만나 이런 말을 남겼다고 해요.

> "나는 암흑에서 태어나 광명의 세계로 나갔다가 다시 암흑으로 돌아온 것 같습니다. 아직 내가 갈 길을 분명하게 내다볼 수가 없으나, 머지않아 찾아낼 수 있기를 바랄 뿐입니다."

보빙사 일행에게 가장 충격적이었던 건 어둠을 몰아내는 전등이었던 모양입니다. 이들은 고종에게 전기의 실용성에 대해 이야기했고, 조선 정부는 에디슨 전기회사와 계약을 맺게 됩니다. 조선에도 전등이 밝혀진 거예요. 또한 홍영식의 주도로 서양식 우편제도가 도입됩니다. 보빙사 수행원이었던 최경석은 농무목축시험장이라는 농장을 관리하며 미국에서 보고 배운 서양의 농업기술을 적용하는 데 몰두합니다. 이처럼 엘리트 청년들은 자신들이 경험한 서양의 과학기술을 도입해 조선을 더 나은 곳으로 바꾸고자 했습니다.

이들에게 깊은 인상을 남긴 또 한 가지는 서양의 민주주의 제도였습니다. 투표로 선출된 뉴욕 시장과 미국 대통령을 만나고 온 홍영식은 고종에게 민주주의 체제를 이렇게 설명합니다.

> "나랏일은 크게 셋으로 나누어 처리합니다. 상의해서 법을 만드는 의회가 있는데 상원과 하원으로 구성되었으며, 여기서 법이 정한 대로 이를 처리하는 행정부가 있어 대통령이 그 책임을 맡습니다. 사법부가 따로 있어 재판을 통해서 법대로 잘되었는지를 판단합니다."

주권을 가진 시민이 대표를 선출하고 뛰어난 과학기술로 편리한 삶을 살아가는 서양의 모습, 엘리트 청년들에게 조선이 나아가야 할 이상적인 방향으로 보이지 않았을까요?

조선의 엘리트가 '이상'을 실현하기 위해 선택한 방법은 무엇이었나요?

당시 조선의 상황은 혼란스러웠습니다. 개화 정책으로 새롭게 만들어진 서양식 군대와의 차별 대우에 '구식' 군인들이 반발하며 난을 일으켰습니다(임오군란, 1882). 여기에 민중들도 가세하여 점점 확대되었어요. 강화도조약 이후 일본으로 쌀이 대량 수출되면서 쌀값이 폭등해 민중들의 생활이 어려웠기 때문입니다.

임오군란은 궁궐이 습격당하고 왕비가 충주까지 도망가는 엄청난 사건이었어요. 왕비의 친척인 민씨 세력은 왕비를 다시 궁궐로 불러오기 위해 청나라에 도움을 요청합니다. 외국 군대에 자국의 백성을 진압해 달라고 하는 상황이 벌어진 것이죠. 청나라는 조선에 군대를 보내 구식 군인들을 진압했습니다.

임오군란이 진압되었지만 청나라 군대는 본국으로 돌아가지 않았어요. 청나라는 3,000여 명의 군사를 서울 곳곳에 배치하면서 '조청상민수륙무역장정(1882)'을 강요해 체결했습니다. 이 조약에는 조선이 청의 속국임이 명시되어 있었어요. 청나라의 간섭이 본격적으로 시작된 것이죠.

청나라의 지나친 내정 간섭에 조선의 관리들은 두 파로 나뉩니다. 김홍집, 어윤중 등은 '청나라와 관계를 유지하고 민씨 세력과도 협력해 서서히 개화하자'는 입장이었습니다. 이들을 온건개화파라고 해요. 또 다른 세력은 김옥균, 홍영식, 서재필 등의 엘리트 청년들입니다. 급진개화파(개화당)라고 불리는 이들은 '청나라의 간섭을 배제하고 적극적으로 개화해 서양의 무기나 기술뿐 아니라 서양의 정치제도 역시 도입해야 한다'고 생각했습니다.

평균 나이 25세 전후의 젊은 엘리트로 구성된 급진개화파는 온건개화파에 비해 권력의 중심에서 멀리 있었어요. 급진개화파는 자신들의 이상이 반영된 조선을 만들기 위해 정권을 장악하고자 합니다. 하지만 자신들의 힘만으로는 역부족이었어요.

그런데 때마침 청나라가 프랑스와의 전쟁을 위해 군사의 절반을 서울에서 철수했고, 일본도 급진개화파를 도와주기로 약속했습니다. 급진개화파를 따르는 행동대원도 200여 명이 있었습니다.

홍영식의 주도로 만들어진 우정총국의 개국을 축하하는 연회 날(1884. 12. 4.), 급진개화파는 계획을 실행합니다. 연회가 한창일 때 건물 밖에 불을 질렀고 깜짝 놀라 밖으로 도망친 온건개화파와 민씨 세력을 처치했어요. 그 후 궁궐로 가 고종과 왕비에게 청나라가 변란을 일으켰다고 보고한 다음, 자신들과 함께 경우궁으로 이동하도록 했습니다. 그리고 경우궁으로 왕을 찾아오는 온건개화파와 민씨 세력을 하나씩 제거했고, 조선을 바꿔 나갈 새로운 정부를 구성했습니다. 급진개화파는 새 정부의 주요 관직을 차지하고 혁신정강을 발표해 조선을 이전과는 완전히 다른 나라로 만들겠다는 의지를 밝힙니다.

혁신정강에는 청나라의 간섭에서 벗어난 독립국가, 신분의

서양식 복식을 한 갑신정변의 주역들. 왼쪽부터 박영효, 서광범, 서재필, 김옥균이다.

특권이 폐지된 평등한 사회, 부정부패가 사라진 공정한 조세제도, 왕의 권력을 제한하고 신하들의 회의를 통해 결정되는 정치라는 급진개화파의 이상이 잘 담겨 있습니다. 급진개화파가 특권계층이 사라지고 권력을 한 사람이 독점하지 않는 근대 국가의 모습을 지향했다는 사실을 알 수 있어요.

정변에 참여한 행동대원은 군인부터 야채 장수, 나무꾼, 보부상, 승려, 내시, 궁녀, 노비 등 출신이 다양했어요. 이들이 동참한 이유는 신분 차별 없는 평등한 세상이라는 젊은 엘리트들의 이상에 공감했기 때문이 아니었을까요?

하지만 혁신정강이 발표된 바로 다음 날, 청나라 군대가 궁궐을 공격합니다. 김옥균은 청나라가 이미 프랑스와 전쟁 중이었기에 또 다른 군사행동을 하지 않을 것이라 여겼지만, 그의 판단이 틀렸던 것입니다. 사태가 불리해지자 일본군은 물러납니다. 홍영식은 살해되고 김옥균, 박영효, 서광범, 서재필은 일본으로 도망쳤어요. 이들이 권력을 잡은 기간은 단 3일. 이 사건을 갑신정변이라고 부릅니다.

조선 민중이 바꾸고 싶었던 현실은 무엇이었나요?

김옥균을 비롯한 급진개화파가 모두 역적으로 규정되고 조선 땅에서 '개화'라는 말을 입에 담는 것은 금기시되었습니다. 이후 조선의 정치는 개선되지 않았고 민중의 삶은 점점 나빠졌어요. 이때 민중을 위로해 준 것이 동학입니다. 1860년 창시된 동학은 '사람이 곧 하늘'이니 모든 사람이 똑같이 존중받아야 한다는 평등사상을 바탕으로 한 종교입니다. 하늘이 열리며 새 세상이 올 것이라는 예언적 성격도 갖고 있었어요. 갑신정변으로부터 10년이 지난 1894년에는 동학이 이미 민중 사이에 널리 퍼져 있었습니다.

1894년 전라도 고부의 농민들은 힘겨운 나날을 보내고 있었습니다. 군수 조병갑 때문이었어요. 조병갑은 온갖 명목으로 농민들에게 세금을 거둬 갔습니다. 죄 없는 백성을 불효자라며 잡아가서 돈을 받은 뒤에야 풀어 주는 일도 있었고, 자신의 아버지 비석을 세우겠다며 돈을 걷기도 했습니다. 또한 농민들이 사용하는 저수지가 이미 있었음에도 농민들을 시켜 만석보라는 새 저수지를 만들어 물세를 받았습니다. 물은 농사에 직접 영향을 미치는 것이었기에 농민들은 더 이상 참을 수 없었어요.

이때 지역의 접주(동학의 지역 교구 지도자)였던 전봉준이 사람들을 모읍니다. 동학은 전라도 지역에 널리 퍼져 있었기에 그를 믿고 따르던 사람이 많았어요. 농민들은 고부 관아를 점령하고 만석보를 허물어 버립니다. 정부에서는 사태를 수습하기 위해 안핵사를 파견합니다. 안핵사는 민란이 발생했을 경우 해당 지역민의 마음을 달래는 역할을 하는 관리입니다. 그러나 안핵사 이용태는 농민들을 달래기는커녕 오히려 민란에 참여한 이들을 처벌했어요.

부패한 군수 조병갑만 몰아내면 살 만한 세상이 올 것이라 기대했던 농민들은 다시 일어나게 됩니다. 전봉준은 동학 조직을 이용해 전라도 지역 곳곳의 탐관오리를 쫓아내고 나라를 바로 세우자는 뜻을 퍼트렸고, 1만여 명이 모여 농민군을 결성합니다. 이때 농민군이 모인 장소가 백산이었는데, 흰옷을 입은 농민들이 산을 빼곡히 채워 산 전체가 하얗게 보였다고 해요.

농민군은 '나랏일을 돕고 백성을 편안하게 한다'라는 뜻의 '보국안민(輔國安民)'을 외치며 전라도 지역에서 관군과 전투를 벌입니다. 황토현에서 관군과 싸워 첫 승리를 거둔 농민군은 이어 황룡촌 전투에서도 승리하면서 전라도의 심장인 전주성을 점령합니다.

이에 조선 정부는 당황했어요. 전주성을 빼앗겼다는 것은 전라도 전체가 농민군의 영향력 아래 들어갔다는 것을 의미했기 때문입니다. 위기감을 느낀 정부는 또다시 청나라에 군대 파견을 요청합니다. 다시 한번 조선의 내정에 간섭할 좋은 기회라고 생각한 청나라는 1,500명의 병사를 충청도 지역으로 보냅니다. 이 소식을 접한 일본도 조선 땅에 있는 일본인들을 보호한다는 명목으로 군대를 파견합니다. 일본의 속셈은 조선 정부군이 농민군을 진압하러 전라도로 가 있는 틈을 노려 서울을 장악하려는 것이었어요.

예상치 못한 일본군의 출현에 조선 정부는 서둘러 청나라와 일본의 군대에 철수를 요청했어요. 그러기 위해선 농민군과 화해해야 했습니다. 정부군과 농민군은 전주에서 화약(화해의 약속)

을 맺습니다. 화약에는 폐정(나쁜 정치)을 개혁하겠다는 내용이 포함되었어요. 농민군은 마을로 돌아가 각 지역에 폐정개혁을 위한 기관인 집강소를 설치합니다. 폐정개혁의 내용에는 양반 관리들의 횡포를 바로잡고 사회적으로 차별받았던 약자의 처지를 개선하고자 했던 농민들의 바람이 담겼어요.

- 탐관오리의 죄를 조사하여 징벌한다.
- 불량한 양반의 무리를 징벌한다.
- 무명의 잡세는 모두 폐지한다.
- 백정을 구별하는 갓을 없애 차별을 개선한다.
- 젊은 과부의 재혼을 허용한다.
- 노비문서를 불태운다.

집강소 활동과 폐정개혁은 전라도 대부분 지역에서 활발히 진행되었습니다. 농민들은 집강소의 대표인 집강을 선출하고, 집강을 중심으로 회의를 통해 고을의 문제를 해결했어요. 못된 관리를 처벌하고 노비문서를 불태웠으며, 잘못된 세금 징수도 바로잡았습니다. 민중을 힘들게 했던 문제가 해결되는 순간이었죠.

그러나 민중의 이상을 실현하기에는 아직 이른 것이었을까요? 너무도 위급한 소식이 전해집니다. 일본군이 경복궁을 점령하고 청나라와의 전쟁을 시작했다는 것이었어요. 전봉준은 이대로 가면 조선 전체가 일본의 지배를 받게 될 것이라 생각했습니다. 농민군은 다시 한번 '보국안민'의 깃발 아래 모입니다. 이번에는 조선의 나쁜 정치를 개혁하기 위해서가 아닌 일본군을 몰아내기 위해서였지요.

전라도의 농민군이 서울로 진격하자 전국 각지에서 농민군이 들고일어납니다. 경기도, 강원도, 충청도, 경상도의 농민군이 합류해 수만 명의 연합군이 꾸려졌습니다. 이들은 서울로 가기 위해 공주를 점령하려 했는데, 그곳에는 이미 일본군과 조선 정부군이 기다리고 있었어요. 동학과 집강소 개혁을 반대한 일부 양반들 역시 '민보군'을 조직해 농민군을 공격했습니다.

이 두 세력 사이의 대규모 전투는 공주의 우금치 언덕에서 벌어집니다. 정부군과 일본군은 합쳐서 2,000여 명 정도였고 농민군은 4만 명으로 추정되지만, 결과는 처참했습니다. 일본군의 신식 무기 때문이었어요. 농민군은 궤멸했고 전봉준을 비롯한 지도자들 대부분이 체포되었습니다. 각 지역에서 저항이 이어졌지만 일본군의 집요한 토벌 작전으로 동학농민운동은 실질적으로 막을 내립니다.

엘리트와 민중이 추구하는 세상이 같을 수 있을까요?

19세기 후반 조선의 엘리트는 갑신정변으로, 민중은 동학농민운동을 통해 자신들이 바라는 세상을 만들고자 했습니다. 두 사건은 모두 실패로 끝났다고 평가받습니다. 그렇다고 그들이 좇던 이상도 사라진 것일까요? 갑신정변을 주도한 급진개화파와 동학농민운동을 이끈 농민군의 요구는 1894년 갑오개혁에 일부 반영됩니다. 다음은 갑오개혁 때 실제로 결정되고 이행된 조치들입니다.

- 왕권을 제한하고 의정부에 권한을 집중시킨다.
- 과거제를 폐지하고, 각 분야에 능력 있는 자를 관리로 채용한다.
- 신분제와 노비제를 폐지하여 양반과 상민의 차별을 없앤다.
- 세금을 걷을 때는 관리의 부정이 없도록 운영 방식을 고친다.
- 과부의 재혼은 자유에 맡긴다.

왕권을 제한하고 회의를 통해 국정을 운영하는 것, 신분 차별을 없애는 것은 급진개화파가 바라던 것이었지요. 또한 조세제도의 합리적 운영과 과부의 재혼, 노비제 폐지 등은 동학농민군의 목표였고요. 이처럼 민중과 엘리트가 바라던 세상은 완전히 달랐다고 하기 어렵습니다. 오히려 비슷하다고 볼 수 있지요.

그렇다면 민중과 엘리트는 서로 협력할 수는 없었을까요? 먼저 민중의 생각을 짐작하는 데 도움이 될 두 인물을 살펴보겠습니다. 농민군 소년 장수 이복룡과 여성 동학 지도자 이소사⇣입니다. 이복룡은 14세의 나이로 농민군을 이끌고 지휘한 선봉장이었어요. 이소사는 22세의 나이로 장흥 전투에서 말을 타고 농민군을 지휘하며 일본군과 맞서 싸웠습니다. 남녀차별이 당연시되었던 19세기 말에 이소사가 농민군의 지도자가 될 수 있었던 것, 14세의 이복룡이 장수가 될 수 있었던 것은 '사람이 곧 하늘'이라는 동학의 정신 때문일 것입니다. 실제로 집강소에서는 백정과 양반, 여성과 남성, 아이와 어른, 평민과 벼슬아치 모두 성별과 연령, 계급을 떠나 서로 '접장'이라고 부르며 높였고 만나면 맞절을 했다고 해요. 14세의 소년과 22세의 여성에게 조선의 정치는 변혁이 필요했던 것 같습니다.

사회를 이끌어 가던 엘리트 혹은 기득권층에게 평등을 추구하는 민중의 움직임이 어떻게 느껴졌을까요? 동학농민운동이

⇣ '소사(召史)'는 양민의 아내 혹은 과부를 일컫는 말로 흔히 성(姓) 뒤에 붙여 썼다. 즉, 이소사는 이름이 아니라 이씨 성을 가진 기혼 여성을 가리키는 보통명사다. 당시 여성이 얼마나 이름 없는 존재였는지 보여 준다.

진행되던 당시 양반 대부분은 동학의 평등사상이 조선의 신분 질서를 어지럽힌다고 보았습니다. 그래서 농민군을 공격하기 위해 '민보군'을 조직하기도 했지요. 유명한 독립운동가인 안중근도 농민군을 진압하는 데 참여했습니다.

기득권을 내려놓고 평등을 추구한 급진개화파도 민중에게 마냥 호의적이진 않았습니다. 서재필은 회고록에서 갑신정변의 실패 원인을 민중의 지지와 성원이 없었기 때문이라고 평가하면서, 민중이 까닭도 모르고 급진개화파를 반대했다고 썼습니다. 엘리트들은 신분과 특권이 없는 평등 사회를 추구했지만, 민중이 무지하여 엘리트를 지원해 주지 않았다는 것이지요. 이처럼 엘리트들은 민중을 교육이 필요한 대상으로만 보았습니다. 이들은 대립할 수밖에 없었을까요? 민중과 엘리트가 협력하는 관계가 될 방법은 없었을까요?

너의 생각을 들려줘

조선을 서양처럼 만들고 싶었던 엘리트와 점점 악화하는 현실을 바꾸고 싶었던 민중이 추구하는 세상은 비슷했다. 하지만 그 세상을 만들어 가는 방법과 가치관이 달랐기 때문에 대립할 수밖에 없었다. 나는 이런 대립이 있어야 우리 사회가 발전할 수 있다고 본다. 정당이 하나밖에 없으면 독재국가인 것처럼 민중과 엘리트도 항상 협력하기보다는 서로에 대한 견제가 필요하다.

민중과 엘리트는 협력적인 관계가 되고 싶지도 않았을 것이고, 될 수도 없었다. 엘리트는 소수인 데다 경제적으로 유복해서 민중의 삶을 제대로 알지 못한다. 그렇기에 민중을 멋대로 추측하여 판단한다. 오늘날에도 사회 지도층은 완전히 다른 세대인 M세대와 Z세대를 자신이 이해되지 않는다는 이유로 MZ세대라고 이름 붙여 부른다. 계급사회의 문제는 상위 계층과 하위 계층 사이에 솔직한 대화가 없다는 것이다. 만약 솔직하고 심도 있는 대화를 나누었다면 민중들이 까닭도 모르고 반대했을까? 가장 중요한 건 소통할 수 있는 장이 있어야 한다는 것이다.

훌륭한 엘리트라면 민중의 지지를 얻어 내야 한다. 급진개화파는 특권과 차별이 없는 사회를 추구했다지만 민중을 교육 대상으로 보았다. 정말 평등 사회를 만들기 위해서라면 민중과 엘리트가 협력할 수 있도록 동등한 관계가 전제되어야 한다. 민중을 무식하다고 무시하지 않고, 민중의 의견이라고 색안경 끼고 보지 않으며, 민중의 의견이 합리적이면 정책에 반영될 수 있도록 시스템을 만들어야 한다. 엘리트들이 민중의 목소리에 귀 기울였다면 자신들이 바라는 사회를 맞이하지 않았을까 하는 생각이 든다.

3장

의병은 정의로운 병사인가요?

동학농민군을 진압한다는 구실로 군대를 파견한 일제[1]는 침략 의도를 숨기지 않았습니다. 일제는 청일전쟁을 일으켜 한반도에서 청나라 군대를 몰아내고 조선 정부를 장악했어요. 이에 왕비가 러시아를 끌어들여 일본을 견제하려 하자, 일본군과 일본의 낭인[2]들이 경복궁을 기습해 왕비를 살해하는 사건이 벌어집니다(을미사변, 1895).

1897년 고종은 왕권을 강화하기 위해 황제로 즉위했고 대한제국이 수립됩니다. 1904년 일제는 한국의 강제 병합에 걸림돌이 될 러시아와 전쟁을 벌여 승리하고 한국 정부의 외교권을 빼앗는 을사조약을 강제로 체결하면서 한국을 일본의 보호국[3]으로 만듭니다. 그러나 일제는 이 과정에서 거센 저항에 부딪힙니다. 의병이 나선 것이죠.

[1] 제국주의 사상으로 국가를 운영하던 시기의 일본을 가리킨다.

[2] 떠돌이 무사를 이르는 말. 그러나 이들은 을미사변 이후 조선 침략에 주요한 역할을 하는 정치세력으로 성장했다.

[3] 완전한 주권을 갖지 못하고 다른 나라의 보호를 받는 국가. 내정을 비롯해 특히 외교 관계에 제한을 받는다.

의병은 어떻게 기억되고 있나요?

'나라로부터 받은 은혜도 없으면서 위기가 닥치면 떨쳐 일어나는 독특한 유전자를 가진 민중'. 한때 인터넷에서 유행한 문구입니다. 한반도의 민중은 나라에 큰일이 닥치면 하나로 똘똘 뭉쳐 힘을 발휘한다는 것입니다.

한국사에서 이러한 사례는 심심찮게 찾아볼 수 있습니다. 임진왜란 시기의 의병에서부터 동학농민운동, 3·1운동, 4·19혁명, 6월 항쟁, IMF 시절의 금 모으기 운동, 촛불집회에 이르기기까지 모두 역사의 흐름 속에서 민중이 중심이 된 사건들이죠. 지금 우리가 다루고 있는 조선 말기에도 일제의 침략에 맞서 의병들이 전국 각지에서 들고일어났습니다. 우리는 이것을 자랑스러운 역사로 여기지요.

의병(義兵)을 한자 뜻 그대로 풀이하면 '정의로운 병사'입니다. 국가를 위기에서 구하기 위해 민중이 목숨을 걸고 나서는 것은 정의로운 행동이지요. 한국인들이 의병을 자랑스러워하는 이유도 역사적 위기의 순간마다 민중이 주체로서 역할을 했기 때문일 것입니다. 그런데 의병이 자주 등장하는 것을 단순히 자랑스럽게 여겨도 되는 걸까요? 이번 장에서는 의병들의 면면을 살펴보며 의병이 우리에게 어떤 교훈을 주는지 생각해 보겠습니다.

일제에 대항해 의병이 일어나다

초기에 의병을 이끈 건 지방의 선비들이었습니다. 유교적 전통을 지키려는 선비들에게 왕비의 시해와 상투를 자르라는 단발령은 자신들이 믿고 있던 세계가 무너지는 충격적인 사건이었어요. 이에 지방의 선비 중 이름이 알려진 인물이 의병을 일으키겠다고 선언하면 그를 중심으로 사람들이 모였습니다. 문석봉을 시작으로 유인석, 이소응, 기우만 같은 선비들이 전국 각 지역에서 의병 활동을 하며 일제가 설치한 통신 시설을 파괴하고 일본군과 싸웠습니다. 의병의 규모는 지역에 따라 적게는 수십 명, 많게는 수천 명에 이르렀어요.

을사조약(1905) 체결 이후 의병의 활동은 더욱 활발해집니다. 이때 의병을 이끈 사람 중 한 명이 최익현입니다. 당시 74세 나이로 전라북도 태인에서 거병(군사를 일으킴)한 그는 정읍, 순창, 곡성 등을 점령하며 800여 명의 의병을 통솔했을 정도로 기세가 대단했습니다. 이러한 상황을 지켜보던 일제는 대한제국 정부로 하여금 의병을 탄압하도록 압박했어요. 결국 대한제국 군대가 최익현 의병을 향해 공격해 옵니다.

최익현은 일본군이라고 생각해 전투를 준비하지만, 이내 그 군대가 대한제국군임을 파악한 뒤 이렇게 편지를 보냅니다. "우리 의병은 동족 간의 살상은 원치 않는다. 우리에게 겨눈 총구를 왜적에게 돌려 우리와 함께 왜적을 토멸하도록 하자." 그러나 대한제국군은 공격을 멈추지 않았고 결국 최익현이 체포되면서 의병은 해산됩니다.

최익현의 의병은 활동 기간이 10일 정도였지만 그 여파는 컸어요. 최익현의 소식을 들은 사람들이 각지에서 봉기하면서 의병 운동이 확산됩니다. 일제도 굴하지 않고 의병을 진압하며 대한제국 점령을 위해 한 걸음씩 나아갔습니다.

1907년 어느 날, 대한제국의 군인들에게 이상한 명령이 내려졌어요. "오늘 훈련은 총을 사용하지 않고 도수(맨손) 훈련을 하니 훈련장에 총기를 가져오지 말라"라는 명령이었습니다.

명령에 따라 모인 대한제국군 앞에는 그들의 상관과 일본군 장교 들이 나타납니다. 그리고 그들은 청천벽력과도 같은 소식을 전합니다. 바로 대한제국의 군대를 해산한다는 것이었어요. 갑작스러운 해산 명령에 우왕좌왕하는 가운데 한 방의 총성이 울립니다. 시위대 대대장이었던 박승환이 군대 해산을 막지 못한 것을 자책하며 자결하는 소리였어요. 이에 격분한 대한제국군은 무기고로 몰려가 무기를 되찾고 일본군과 전투를 벌입니다.

남대문 인근에서 세 시간 가까이 치열한 전투가 이어졌고, 대한제국군 100여 명이 죽거나 다쳤습니다. 살아남은 800여 명은 서울을 탈출해 각지의 의병에 합류합니다. 이전까지의 의병은 글공부하던 선비가 이끌고, 제대로 훈련받지 못한 평민이 따르는 형태였어요. 무기도 변변치 않았습니다. 그런데 해산 군인들이 신식 무기를 들고 합류하면서 본격적인 의병 전쟁이 시작됩니다.

전국 각지에서 활약하던 의병들은 힘을 모아 서울로 진격할 계획을 세웁니다. 전국 13개 도의 의병들이 모여 '13도 창의군'을 조직하는데, 소속된 의병이 약 1만 명이었습니다. 하지만 일본군과의 전투에서 패배해 서울진공작전은 실패로 돌아갑니다.

그럼에도 의병들은 일본군과 끊임없이 싸웠습니다. 일본 측 통계에 따르면, 1907년 12월부터 1909년 6월까지 약 1년 반 동안 의병의 전투 횟수는 3,714회이고 연인원은 12만 1,360명이나 됩니다. 일본 측의 기록이 전투 사실을 과장하기보다는 축소하는 경향이 있다는 점을 고려하면 의병 전쟁은 우리가 상상하는 것보다 규모가 훨씬 컸음을 알 수 있습니다.

평민이 의병을 이끈 경우는 없었나요?

초기 의병의 대부분은 선비가 이끌고 평민이 참여하는 형태였습니다. 그렇다면 평민이 의병을 이끈 경우는 없었을까요? 놀랍게도 의병 활동이 활발해질수록 평민만으로 구성된 의병 부대가 점점 늘어납니다. 평민 의병장들의 이야기를 한번 살펴볼까요?

안규홍은 전라도 보성 출신입니다. 아버지가 일찍 돌아가신 데다 집안이 가난했기에 머슴 일을 하며 청년기를 보냅니다. 1907년 군대 해산을 계기로 의병 전쟁이 활발해지자, 자신도 의병을 이끌겠다는 뜻을 품습니다. 그러나 의병을 이끌려면 무기와 식량이 필요했어요. 안규홍은 자신을 고용한 주인에게 "벼농사 일을 할 테니 일꾼들을 대접할 준비를 해 달라"라고 알린 후에 자신과 신분이 같았던 머슴 수십 명과 함께 뜻을 모읍니다.

거사 날이 되자 안규홍은 머슴 동지들과 함께 주인에게 가 "우리가 나라를 위해 싸우려 하는데 재물이 없으니 군사 물자

남한대토벌작전에 항전하다 체포된 호남의 의병장들. 양진여와 안규홍의 모습도 확인할 수 있다. (앞줄 왼쪽부터 송병운, 오성술, 이강산, 모천년, 강무경, 이영준. 뒷줄 왼쪽부터 황장일, 김원국, 양진여, 심남일, 조규문, 안규홍, 김병철, 강사문, 박사화, 나성화)

를 조달해 달라"라고 요청해서 식량과 자금을 받아 냅니다. 이후 안규홍 의병 부대는 보성, 순천, 장흥에서 일본군과 수차례 싸워 이겼으며, 일본군으로부터 '호남 최강의 의병 부대'라고 불립니다.

전라도 담양 인근에서 활약한 의병장 양진여의 이야기는 의병과 의병 가족들의 삶을 더욱 생생하게 보여 줍니다. 양진여는 거병 전, 집안의 재산을 정리해 부인에게 맡깁니다. 양진여의 부인 박순덕은 담양 인근 고을 10여 곳에 주막을 차려 자금을 마련했어요. 또한 주막에서 얻은 정보를 남편에게 알려 일본군의 움직임을 파악하고 대처할 수 있게 도왔습니다. 양진여가 이끄는 의병은 적게는 수십 명에서 많게는 수백 명 규모였는데, 신출귀몰한 움직임으로 일본군을 당황시켰다고 합니다. 아마도 부인이 제공해 주는 정보 덕분이지 않았을까요?

더 놀라운 이야기는 양진여의 아들 양상기가 일본 경찰로 위장하여 생활했다는 겁니다. 양상기는 광주경찰서의 순사로 일하며 일본 헌병대의 기밀을 탐지해 오다가 탈출해 의병 부대를 이끌고 아버지 양진여의 부대에 참여했어요. 이는 의병 부대에 큰 활력을 불어넣게 됩니다. 안타깝게도 이 부자는 일제의 남한대토벌작전⁝ 당시 체포되어 두 달 간격으로 교수형에 처해집니다.

의병이 구하려던 나라는 누구를 위한 나라였을까요?

일본군의 남한대토벌작전으로 의병은 궤멸했고 살아남은 사람들은 간도와 연해주로 건너가 독립군으로 활동합니다. 여러분은 의병 이야기에서 어떤 감정을 느꼈나요? 가슴이 뜨거워졌

⁝ 일제가 의병을 소탕하기 위해 펼친 작전. 1909년 9월 1일부터 2개월에 걸쳐 전라남도를 중심으로 일제의 무자비한 공격이 있었고, 그 결과 의병 수천 명이 사망했다.

나요? 이번에는 조금 다른 질문을 던져 보겠습니다. 과연 의병이 지키고자 했던 나라는 어떤 나라였을까요? 역사 속 의병장들은 어떤 생각을 갖고 있었는지 가늠해 볼 몇 가지 장면을 소개합니다.

문석봉은 을미사변 직후 거병한 의병장입니다. 그가 의병을 모으니 순식간에 600여 명이 그를 따랐다고 합니다. 문석봉은 특히 양반을 비롯한 유생(유학을 공부하는 선비)들로부터 신망이 높았는데, 그가 '민보군'으로서 농민군 진압을 성공적으로 해냈기 때문입니다. 농민군이 집강소를 만들어 폐정개혁을 할 때, 양반들은 큰 반감을 가졌어요. 기존 유교 질서가 흔들린다고 생각했기 때문입니다.

문석봉뿐 아니라 의병장 김복한, 안병찬, 정석진 등도 농민군과 직접 무력 투쟁을 한 경험이 있는 이들이었습니다. 따라서 이들이 지휘하는 의병에 농민군 출신이 참여한다는 건 기대하기 어려운 일이었습니다. 일본군을 몰아내기 위해 들고 일어난 농민군, 그리고 그러한 농민군을 진압하기 위해 조직된 민보군이 다시 일본군에 맞서 싸우려고 의병을 일으키는 모습, 역사의 아이러니라고 생각하면 되는 걸까요?

유인석은 의병 운동의 초기부터 아주 오랜 기간 의병에 참여한 인물입니다. 을미사변(1895) 직후부터 경술국치(1910)까지 국내와 만주, 러시아를 넘나들며 활동했지요. 국내에서는 주로 충청도 지역에서 전투를 치렀는데, 여러 의병 부대가 제천에서 연합할 때 유인석은 이 연합 부대의 총대장이 되었어요.

그러던 중 연합부대의 선봉장 김백선이 전투에 나섭니다. 김백선은 평민 출신의 명포수로, 포수들이 잘 따랐습니다. 김백선의 부대는 포수 400명으로 이뤄진 정예부대였어요. 전투 도중 어려움을 겪은 김백선은 중군장(中軍將) 안승우에게 지원군을 요청합니다. 그런데 안승우는 지원군을 보내지 않았어요. 결국 김백선은 제천으로 퇴각하게 됩니다.

부하를 많이 잃어 격노한 김백선은 안승우에게 칼을 뽑아 들고 그 일을 따졌습니다. 그런데 총대장 유인석은 오히려 김백선을 처형합니다. 평민 출신 김백선이 양반인 안승우에게 공격적인 태도를 보였다는 이유였어요.

김백선이 처형되자, 김백선을 따르던 포수들은 물론 인근 지역의 포수들마저 하룻밤 사이에 의병 부대에서 이탈하는 사태가 벌어졌어요. 사격 실력이 뛰어나고 성능 좋은 무기도 가진 포수들은 의병 전력의 핵심이었습니다. 포수들이 빠져나간 의병 부대는 연전연패를 거듭하고, 결국 연합 부대는 해산하게 됩니다. 강력한 의병 부대로 일본군을 이기는 것과 양반 중심의 신분 질서를 지키는 것, 둘 중 유인석에게 중요한 것은 무엇이었을까요? 1913년에 유인석이 남긴 글을 보며 추측해 볼까요?

> 서양이 주장하는 평등과 자유라는 말은 어지러운 싸움을 부르는 칼자루와 같다. 평등하면 질서가 없고 질서가 없으면 어지럽다. 자유가 있으면 다투게 된다. … 여학교를 주장하는 자는 천지를 본받지 않아 짐승 같은 사람이다.

신분제도가 법적으로 폐지된 지 20년 가까이 지났지만 여전히 양반 중심, 남성 중심의 유교적 가치관을 보여 주는 글입니다. 과연 의병들이 구하려고 했던 나라는 누구를 위한 나라였던 걸까요?

의병이 자주 등장하는 건 자랑스러운 일일까요?

한국사에서 의병은 나라의 위기 때마다 등장합니다. 우리가 살펴본 19~20세기 일제의 침략뿐 아니라 고려시대 몽골군이 침입했을 때, 임진왜란, 정묘호란, 병자호란 때에도 의병이 활동했습니다. 그리고 의병은 우리 역사 속에서 굉장히 긍정적으로 묘사됩니다. 그런데 나라가 위기에 처했을 때마다 의병이 일어나는 것이 자랑스러운 것일까요? 사실 외세의 침략에 목숨 걸고 저항해야 하는 사람들은 사회를 이끌어 가는 지도층 아닐까요? 다음은 1910년 한일병합조약의 일부입니다.

> 3. 일본국 황제 폐하는 한국 황제 폐하, 태황제 폐하, 황태자 전하와 그들의 황후, 황비 및 후손들로 하여금 각기 지위를 응하여 적당한 존칭, 위신과 명예를 누리게 하는 동시에 이것을 유지하는 데 충분한 세비를 공급함을 약속함.
> 4. 일본국 황제 폐하는 앞 조항 이외에 한국 황족 및 후손에 대해 상당한 명예와 대우를 누리게 하고, 또 이를 유지하기에 필요한 자금을 공여함을 약속함.

나라가 식민지가 되기 직전에도 대한제국의 황족들은 자신들의 지위와 재산을 보존하는 데 연연했음을 알 수 있습니다. 이들은 일제강점기 내내 '왕공족'이라 불리며 일본의 귀족보다도 높은 대우를 받았어요.

일제는 한반도를 차지하기 위해서 청일전쟁과 러일전쟁을 벌였지만, 정작 대한제국과는 전쟁을 하지 않습니다. 그럴 필요가 없었던 것이죠. 황제를 포함해 권력을 잡고 있던 지배층이 맞서 싸울 의사를 보이지 않았기 때문입니다. 우리가 의병을 자랑스럽게 기억하는 사이, 의병이 일어날 수밖에 없었던 국가와 국가 지도층의 잘못이 잊히는 건 아닐까요? 혹은 지도층의 잘못으로 국가가 위기에 빠졌을 때 '의병 정신은 우리 민족의 자랑이니 이번에도 민중이 나라를 구해라' 하는 식의 책임 회피를 가능하게 만드는 건 아닐까요?

이와 유사한 시사점을 주는 사건이 바로 국채보상운동입니다. 1907년, 대한제국은 일본에 1,300만 원에 달하는 빚을 진 상황이었습니다. 을사조약 체결 후 일제는 통감부(일제가 한국의 내정 간섭을 위해 설치한 기관)에서 근무할 일본인 관리의 고용 비용, 도로 건설 등을 명분으로 대한제국 정부에 빚을 떠넘겼지요. 대한제국을 경제적으로 압박하며 일본의 식민지로 삼기 위해서였습니다. 당시 1,300만 원은 대한제국 정부의 1년 예산을 훨씬 뛰어넘는 액수였기에 빚을 갚기는 쉽지 않았어요.

이런 상황에서 각계각층의 사람들이 국가의 위기를 해결하기 위해 나섭니다. 나랏빚을 갚자는 '국채보상운동'이 전개된 것입니다. 당시 민중은 국가의 주인으로 권리를 누리지 못하는 상황이었음에도 개인의 희생을 감수하면서까지 이 운동에 적극 동참했습니다. 가난한 노동자, 땔나무와 짚신을 파는 소상공인, 머리카락을 잘라 판매한 여성에 이르기까지 사회에서 소외된 약자들도 모금 운동에 참여했습니다. 하지만 갚아야 할 빚이 터무니없이 많은 데다 일본의 방해로 이 운동은 실패로 돌아갑니다. 공동체를 지키기 위해 구성원들이 힘을 모으는 것은 아름다운 일이지만, 국채보상운동 역시 본래 국가가 책임져야 하는 일을 개개인이 떠맡게 된 상황은 아니었을까요?

물론 의병은 평범한 사람도 나라의 주인이라는 사실을 보여 준 움직임입니다. 또한 위기에 처한 국가, 무너져 가는 공동체를 위해 죽기를 각오하고 적과 싸웠던 의병은 오늘날 우리에게 큰 울림을 줍니다. 하지만 의병을 어떻게 기억할 것인지는 생각해 보아야 합니다. 정의로운 마음으로 결의했음에도 의병 안에서 신분 차별이 여전히 존재했지요. 의병들이 지키고자 한 나라와 정의는 무엇이었을까요? 또 의병의 업적을 기리되 자신들의 의무를 방기한 사회 지도층에 대한 비판을 놓쳐서는 안 된다는 이야기도 나누었습니다. 이런 점을 종합적으로 고려할 때, 우리는 의병의 어떤 점을 기억해야 할까요?

너의 생각을 들려줘

왜 의병이 일어날 수밖에 없었는지를 기억해야 할 것 같다. 민중이 무기를 들기 전에 국가의 위기를 누가 막을 수 있었는지, 어떻게 예방할 수 있었는지를 아는 것이 중요하다. 당시 권력을 잡고 있던 사회 지도층이 일본과 맞서 싸울 의사를 보였더라면 심각성을 느낀 민중이 그들과 협력하며 일제의 침략에 효과적으로 대응했을 것 같다. 나라가 식민지가 되기 직전에도 그저 개인의 지위와 재산을 보전하는 데에만 급급했던 태도는 비판받아 마땅하다. 이러한 사회 지도층의 이기적인 행동이 반복되지 않아야 한다는 것이 의병의 교훈이다.

의병의 교훈은 의병이 다시 일어나서는 안 된다는 것이다. 평범한 사람들이 나라를 위해 노력하는 것은 대단한 일이다. 지배층이 비겁한 모습을 보였기에 의병들은 더욱 빛난다. 하지만 이런 점만 기억한다면 현대사회에서 지위가 높은 사람들이 자신보다 낮은 위치에 있는 사람들을 희생시키는 일이 어느 순간 당연시되어 바꿀 수 없게 될지도 모른다. 지배층이 자신들의 역할을 다해야 한다는 점을 의병의 교훈으로 받아들이면 좋겠다.

큰 힘에는 큰 책임이 따른다는 말이 있다. 사회 지도층은 큰 힘을 누리고 있는 만큼 위기에도 솔선수범의 자세를 가지고 민중이 편안하고 안전하게 살 수 있도록 도와주어야 한다. 오늘날에도 사회 지도층이 권력과 돈을 이용해 자신들의 자리를 지키고 이익을 좇는 행태가 심심치 않게 보도되고 있다. 그런 모습들을 지난 역사와 관련지어 비판적으로 배우는 것이 역사 교육에서 중요하다고 생각한다.

4장

근대식 학교는 사람들에게 기회를 주었나요?

●

앞서 살펴본 임오군란과 갑신정변, 동학농민운동이 일어나는 1880~1890년대에 전기, 시계, 철도, 전화, 전등 같은 서양 문물이 조선 사람들의 삶 속에 스며들게 됩니다. 1896년에는 덕수궁에 전화기가 설치되어 궁 안에서 전화 통화로 연락하는 광경을 볼 수 있었습니다. 1901년에는 서울 시내에 600여 개의 전등이 설치되어 어두운 밤에도 길거리를 환히 밝혔어요. 또한 종로에서 청량리까지 전차가 개통되면서 사람들이 더욱 빠르게 이동할 수 있게 되었습니다. 서울과 인천이 철도로 연결되기도 했어요. 이에 발맞춰 교육에도 변화가 나타났습니다. 영어를 중심으로 지리, 역사, 국제법 등 서양 학문을 배우는 근대식 학교가 설립되었습니다.

여러분에게 학교는 어떤 공간인가요?

오늘날 한국의 청소년 대부분은 초등학교부터 고등학교까지 12년 동안 학교에서 생활합니다. 그들은 학교에서 여러 가지를 배우지요. 교과목을 통한 기초 지식부터 친구 관계와 사회적 규율까지, 살아가는 데 필요한 것을 직간접적으로 습득합니다. 하지만 이런 역할을 하는 학교에 대한 비판도 적지 않습니다.

미래학자 앨빈 토플러는《부의 미래》에서 학교 교육은 산업화 시대에 필요한 노동자를 키우기 위해 시행되었다고 평가했습니다. 학생 개개인의 특성과 역량을 키우기보다는 규칙을 잘 따르고 반복적인 일을 잘해 내는 사람을 양성하는 곳이라는 뜻이지요. 그는 오늘날의 학교 역시 크게 다르지 않다고 말합니다. 한국 사회에서는 이런 말도 유행했지요. '19세기 학교에서 20세기의 교사들이 21세기의 학생들을 가르친다.' 세상은 빠르게 변화하는데, 19세기에 들어온 근대식 학교는 지금까지도 변하지 않았다는 뜻일 겁니다.

여러분에게 학교는 어떤 공간인가요? 많은 것을 배우는 기회의 공간인가요, 아니면 규칙을 잘 따르도록 하는 통제의 공간인가요? 한반도에 처음 근대식 학교가 생긴 시기의 이야기를 살펴보며 학교 교육이 사람들을 어떻게 변화시켰고 현대사회에는 어떤 영향을 미쳤는지 생각해 봅시다.

근대식 학교의 등장은 어떤 변화를 가져왔나요?

한국 최초의 근대식 학교는 1883년 함경남도 원산에 세워집니다. 강화도조약으로 개항장이 된 원산에는 일본 상인들이 들어와 상업 활동을 벌였습니다. 이에 위기의식을 느낀 원산 주민들은 새로운 교육으로 인재를 키우고자 했어요. 주민들의 모금을 통해 설립된 '원산학사'에서는 학생들에게 외국어와 국제법, 지리 등을 가르쳤습니다. 최초의 근대식 학교가 민간 주도로 세워진 것이지요.

정부에서도 근대식 교육에 대한 필요성을 느끼고 있었어요. 이전까지 조선의 교육은 성리학을 중심으로 이뤄졌던 탓에 세계정세의 파악과 외국어 교육을 추진합니다. 1886년 정부는 육영공원이라는 근대식 학교를 설립하고 주로 양반 자제들을 대상으로 서양의 근대 학문을 가르칩니다. 미국인 교사를 고용하는 등 영어 교육에 중점을 두었어요. 그 외에도 수학, 서양의 군사학, 세계 지리, 과학, 세계 각국의 역사 등 기존의 성리학 중심 교육과는 완전히 다른 교육을 하게 됩니다.

육영공원은 설립 당시 정부의 전폭적 지원이 있었고 학생들과 교사들도 열정적이었어요. 그러나 그 인기는 점점 사그라들었습니다. 육영공원에 입학하던 양반 자제들의 목표는 조선 정부의 관리가 되는 것이었습니다. 그러기 위해서는 과거에 합격해야 하는데 양반이 주로 응시하는 문과 시험의 내용은 여전히 유교 경전을 바탕으로 했습니다. 관직 진출에 유리하지 않다는 인식 탓에 육영공원은 1895년 문을 닫게 됩니다.

조선 땅에 들어온 외국인들도 근대식 학교를 세웁니다. 서양의 기독교 선교사들이 특히 열심이었어요. 선교사들의 목적은 근대적 학문과 더불어 기독교 문화를 조선에 전파하는 것이었어요. 미국인 선교사 헨리 아펜젤러가 세운 배재학당은 서양인이 세운 최초의 근대식 중등 사립학교였습니다. 아펜젤러는 고종에게 정부 지원금을 받아 학교를 운영했는데, 그 덕분에 학생들은 무료로 수업을 들을 수 있었습니다. 서양인이 세운 학교를 정부가 지원해 준다는 사실은 사람들의 관심을 끌었어요. 배재학당이 개교한 1886년 9월 학기는 단 한 명의 학생으로 시작했지만, 이듬해 1년 동안 등록한 학생 수는 63명에 달했습니다. 학생 수가 증가한 이유를 아펜젤러는 이렇게 밝혔습니다.

> "조선인들은 영어 교습에 매우 열심이다. 영어를 조금만 알아도 더 나은 자리에 올라갈 수 있는 디딤돌이 된다고 믿는다. 조선인에게 영어를 왜 배우냐고 물으면, 한결같이 관직에 나가기 위해서라고 답한다."

조선 사회에서 영어를 배우는 것은 출세의 기회로 인식된 모양입니다. 그러나 배재학당에 다니는 조선인들은 여러 어려움을 겪어야 했습니다. 배재학당 학생의 생활은 어떤 모습이었을지 학생 강문흠이 남긴 기록을 통해 살펴보겠습니다.

> 교실 의자는 지금 설렁탕집 상 같은 것을 늘어놓고 같이 둘러앉아 공부를 했고, 제일 곤란한 것은 길에 나가면 천주학쟁이(천주교를 믿는 사람)라고 놀리는 것이었지요. 들어간 지 3년 후에는 학생이 200명가량이었는데 영어 시간이 가장 곤란했어요. 가르치는 선생은 조선말을 모르고 배우는 학생은 영한사전 하나도 없었어요. 별별 손짓과 흉내로 고생을 다해서 단어 뜻을 배웠습니다. 실제로 선생이 Fled의 의미를 가르치는데 당시 김옥균 선생이 일본으로 망명을 해 있을 때여서 김옥균 씨의 그림을 붙이고, 그다음에 바다를 그리고, 그리고 일본 지도를

그린 후에 도망가는 흉내를 하며 김옥균 선생의 사진을 일본 지도 위에 옮겨 붙여 Fled가 도망간다는 뜻이라는 걸 알게 하였소이다.

–《배재학당사》 중에서

당시 서양인이 세운 근대식 학교에 다니는 학생에 대한 시선이 그리 곱지 않았다는 사실을 알 수 있습니다. 천주교는 제사를 거부했기 때문에 성리학 세계관에 익숙한 조선인들에게 성경을 가르치는 근대식 학교는 패륜을 가르치는 학교로 보였을지도 모르겠습니다. 영어를 가르치고 배우는 것 또한 쉽지 않았던 것으로 보입니다.

배재학당 학생들은 근대적 학문만 배운 것은 아니었습니다. 학생들은 '협성회'라는 모임을 조직합니다. 최초의 '학생자치회'인 것이죠. 협성회 회원들은 매주 정해진 요일에 모여 다양한 주제로 토론회를 열었습니다. 학생들은 토론회를 통해 개인의 자유로운 의사 표현, 다수결에 의한 결정이라는 민주주의의 기본 원리를 경험할 수 있었어요. 다음은 협성회에서 다뤘던 토론 주제입니다.

– 학생들이 양복을 입어도 되는가.

– 국문과 한문을 섞어 써도 되는가.

- 여성들을 근대 학문으로 교육해도 되는가.
- 노비 제도를 폐지해도 되는가.
- 우리나라 정치에 의회와 의원을 설립할 수 있는가.

이처럼 토론 주제는 사회 개혁과 관련된 문제들이었고, 협성회의 토론회는 대성황이었습니다. 협성회의 토론을 지켜본 이들 가운데 서재필이 있었어요. 서재필은 갑신정변 실패 후 10년간 미국에서 생활하다 귀국하여 배재학당의 교사로 재직 중이었습니다. 서재필은 협성회의 토론을 교문 밖에서도 이어 가려 했습니다. 자신이 창립한 독립협회에서 토론회를 주관했고 민중들의 참여를 독려했어요. 이후 독립협회의 토론회는 한국 최초의 시민 집회라고 평가받는 만민공동회로 이어집니다. 근대식 학교의 토론 문화가 민중에게 전해진 것이지요.

여성은 언제부터 교육을 받게 되었나요?

1886년에는 미국인 선교사 메리 스크랜턴에 의해 조선 최초의 여학교 이화학당이 설립됩니다. 그러나 이화학당에 대한 반응은 냉랭했어요. 스크랜턴은 여학생을 모집하려 했지만 당시 여자는 8세만 되어도 집 밖 출입이 제한되고 집 안에서만 생활하는 것이 당연시되는 분위기였습니다. 여자가 학당을 다닌다는 것은 너무나 큰 사회적 장벽을 넘는 일이었던 셈이지요.

이화학당의 학생 모집이 원활해진 것은 고종의 허가가 내려진 이후였습니다. 이때부터 학생들이 하나둘 입학했고, 여학생이 서양인에게 교육받는 신기한 광경을 구경하기 위해 부녀자들이 이화학당으로 모여들기도 했어요. 이화학당 교사들은 구경 오는 여성들에게 학교 건물을 소개하고 학생으로 모집하기도 했습니다.

하지만 이화학당은 여전히 여러 사회적 제약을 이겨내야 했습니다. 당시 사회적 인식을 잘 보여 주는 사건은 여학생들의 체육 활동과 관련된 사건입니다. 학당에서 학생들에게 체조를 가르친다는 소문이 퍼지자 학부모들은 자신의 딸들을 데리고 집으로 가 버렸어요. 당시에는 여자가 다리를 들어 올리며 체조를 하는 것이 양반의 법도에 어긋나는 일이었으니까요. 심지어 양반 가문에서는 이화학당에 다닌 여자는 며느리로 맞이하지 않는 일까지 생겼습니다. 한성부(수도 한성을 관할하는 관청)에서는 이화학당에 공문을 보내 체조를 중단하라고 압박하기까지 했습니다.

이러한 사회적 반발에도 불구하고 이화학당과 학생들은 변화를 향한 걸음을 멈추지 않았습니다. 1899년 5월에는 학생들

이화학당 학생들의 체조 수업 시간(이화여자대학교 이화역사관 소장)

이 창의문 밖으로 꽃놀이를 갔어요. 여성들은 꼭 필요한 외출 외에 나들이가 허락되지 않던 사회 분위기가 있었지만, 이화학당 학생들은 여성도 자유를 누릴 수 있다는 것을 보여 주었습니다. 또 1908년 5월에는 봄 대운동회를 개최합니다. 여성들도 신체를 단련하고 그것을 즐길 수 있다는 인식의 변화가 시작된 것입니다.

이화학당에서 여성이 교육받는 모습을 보며 조선 여성들도 학교를 설립하게 됩니다. 양반 여성들이 주도하여 결성한 조선 최초의 여성 단체 '찬양회'는 1899년 순성여학교를 개교합니다. 한국인에 의해 세워진 최초의 여학교입니다.

여학교가 하나둘 만들어졌으나 조선 여성 대부분은 여전히 집 밖을 자유롭게 드나들지 못했고 남성의 경제적 그늘 아래 있었습니다. 반면 소수이긴 해도 교육을 통해 지식인이 되고 자유를 누리는 여성도 늘어났지요. 당시 여성들은 이런 변화를 어떻게 생각했을까요?

근대식 시간관념을 도입하는 데 학교는 어떤 역할을 했을까요?

근대식 학교에서 학생들은 근대 학문은 물론 서양식 생활양식도 배우게 됩니다. 조선 사람들은 성평등 의식의 씨앗과 함께 근대적 시간관념과 마주하게 되었어요. 이전까지는 시간을 크게 신경 쓰지 않았습니다. 농경사회에서 시간을 정확히 아는 것은 그리 중요하지 않았어요. 어차피 아침에 일어나 농사일을 시작하고 밤에는 잠을 자면 충분했지요. 그보다 중요한 일은 계절의 변화를 아는 것이었습니다. 따라서 1년을 스물넷으로 나눈 '24절기'로 계절을 파악했어요.

우리에게 익숙한 24시간 체계와 시간관념은 서양의 산업화와 함께 만들어졌습니다. 산업혁명 이전의 서양 사회에서는 한 명의 장인이 상품의 모든 공정을 하나하나 관리하며 완성하는 것이 일반적이었습니다. 그런데 산업혁명으로 노동의 형태가 달라집니다. 생산 과정을 여러 작업으로 나누어 각각을 노동자들이 담당하게 되었어요. 누군가는 나사를 조이는 일만 반복하고, 누군가는 상품의 덮개를 씌우는 일만 반복하는 형태였지요.

분업이 이루어지면서 공장노동자들이 맡은 일을 동시에 시작하는 것이 중요해졌어요. 상품을 신속하고 효율적으로 만들기 위해서였습니다. 산업사회에서는 노동 자체가 아니라 노동 시간이 가치를 지니게 되었고, 시간을 분 단위로 쪼개 일하면 할수록 경제적 이익을 더 많이 얻을 수 있게 되었어요.

이런 이유로 자본가들은 노동자들이 시간을 잘 지키기를 원했습니다. 공장에서는 작업 시간표를 정하고, 그것을 지키지 않는 노동자에게는 벌금을 매기는 규칙을 만들었습니다. 동시에 자본가들은 시간을 준수하는 법을 가르치도록 학교에 요구합니다.

이러한 요구를 근대식 학교는 어떻게 반영했을까요? 학생들은 학교에서 지내는 시간을 공장 작업 시간표처럼 구간을 나누어 생활하게 됩니다. 등교 시간, 수업 시간, 쉬는 시간 등 시간표로 해야 할 행동을 구분하고 시간을 종으로 알려 줍니다. 한국에 들어온 근대식 학교는 어땠는지 배재학당의 교칙을 통해 살펴볼까요?

- 학교에 나올 때나 수업을 할 때나 쉴 때는 반드시 종을 울린다.
- 등교 시간은 오전 8시 15분으로 (오전 수업은) 11시 30분까지며 오후는 1시로 4시까지 하되, 나오고 물러갈 때는 문란하게 느리거나 뛰고 떠들지 못한다.

이런 교칙은 배재학당을 비롯한 근대식 학교에 보편적으로 적용되었고, 학생들은 자연스레 종소리에 맞춰 생활하는 법을 배웠습니다. 학교 교육을 통해 근대적 시간이라는 새로운 질서를 따르게 된 것입니다. 3·1운동에 참여했고,《동아일보》경제부장을 지냈던 이봉수는 근대식 학교가 본격적으로 설립된 지 30여 년이 지난 1926년에 근대식 학교가 어떤 학생을 만들어 냈는지를 이렇게 평가했습니다.

> 학교는 공장이고, 학생은 원료품이며, 사회는 졸업생이라는 상품을 받아 주는 시장이다. … 학생이 모두 같은 상품이 된다고 하면 그것이 아니라고 말할 사람들도 있지만, 학생 성적이 특별히 좋거나, 특별히 나쁘다고 하더라도 마찬가지로 상품이다. 마치 인도 면제품과 미국 면

제품이 약간은 차이가 있지만 본질은 같은 것과 같다. … 학교가 사람을 가르친다는 본분에 충실하려면 입학시험에 낙제한 비교적 글을 모르는 사람을 더욱 가르쳐야 할 것이고, 돈 있는 학생은 언제라도 공부할 수 있는 것이니, 오히려 돈 없는 자를 더 먼저 가르쳐야 옳은 것이 아닌가?

이봉수는 학생이라는 원료품이 학교라는 공장을 거치면 졸업생이라는 상품이 되어 사회에 보내진다고 보고 있습니다. 성적과 관계없이 학교를 졸업하면 기본적인 사회 규율을 지키며 노동 현장에 적응할 수 있는 하나의 상품이 된다는 것이지요. 또 입학시험에 낙제한 학생을 받아 주지 않는 태도는 학교가 교육이라는 본분에 충실하지 않은 것이라고 비판했습니다. 어떤가요? 학교가 정말 교육 대신 자본 시장의 노동자를 길러 내는 곳으로 보이나요?

학교는 학생에게 기회를 제공하는 공간인가요?

19세기에 조선에 도입된 근대식 학교는 오늘날까지 명맥을 이어오고 있습니다. 당시 사람들이 근대식 학교에 입학해 출세를 꿈꿨던 것처럼 오늘날 우리도 학교 교육이 '기회의 사다리'가

되기를 기대합니다. 전 국민을 대상으로 하는 무상 의무교육을 통해 생활에 필요한 기초 지식을 습득하고 사회성을 기를 수 있지요. 또 어려운 가정 형편에도 공부를 열심히 해 원하는 직업을 얻는 사례도 찾아볼 수 있습니다.

한편 학교는 학생들의 가치관 형성에도 큰 영향을 미칩니다. 학생들은 시간표에 따라 움직이고 그에 따라 사고방식도 변하게 됩니다. '시간을 잘 써야 한다'라고 말이죠. 그런데 시간을 '잘' 쓴다는 것은 어떤 의미일까요? 아마도 '경제활동에 도움이 되느냐 그렇지 못하냐'가 판단 기준이 될 테죠.

이런 시간관념은 사람들의 인식을 어떻게 변화시킬까요? 먼저, 생산적이지 않은 활동과 생산적인 활동을 구별하게 됩니다. 예를 들어, 가사 노동이나 음악을 듣는 것은 경제적 가치가 없는 활동으로 인식되지요. 경제적 가치가 없는 활동은 덜 중요하고, 경제적 가치가 있는 활동은 중요한 것으로 생각합니다. 이런 사고방식에서 타인을 돕거나 배려하는 것은 가치 있는 행동으로 여겨질 수 있을까요? 또 한가함과 느긋함은 시간 낭비, 게으름, 무능력 등으로 여겨질 겁니다.

학교는 시간 규율뿐 아니라 공간을 통해서도 학생들의 인식에도 영향을 끼칩니다. 전국의 학교 건물 대부분은 비슷한 모양새를 하고 있습니다. 5층 정도의 높이, 건물 중앙과 양옆에는 계단이 있고, 그 앞에는 직사각형의 운동장이 있지요. 건물 모양새만 비슷한 것이 아닙니다. 학생들의 모습 또한 그러합니다. 모두가 똑같은 교복과 체육복을 입고 생활합니다. 급식 식판과 메뉴도 모두 같지요. 이처럼 획일화된 학교생활에서 학생들이 자신만의 가치를 찾기란 쉽지 않습니다.

그러다 보니 결국 남는 것은 숫자뿐입니다. 시험에서 몇 점을 받았는지, 몇 등급인지가 나와 다른 사람을 구별짓는 요소이니까요. 수치로만 평가하는 학교에서 학생들이 경제적 가치, 눈에 보이는 결과를 중시하는 것은 어찌 보면 당연한 일입니다. 근대식 학교의 탄생으로 누구나 평등하게 교육받을 수 있게 되었지만, 모두가 같은 방식으로 사고하게 만드는 것은 아닐까요? 여러분이 생각하기에 학교는 기회를 제공하는 공간인가요, 가치관을 주입하고 통제하는 공간인가요?

너의 생각을 들려줘

학교는 기회를 제공한다. 우리는 규칙적인 생활을 반복하고 정해진 교칙을 어기지 않기 위해 노력한다. 이런 것들이 우리 생활을 통제한다고 느낄 수 있다. 하지만 통제가 없다면 몇백 명이 함께하는 학교생활이 가능할까? 그리고 학교가 없다면 우리가 가치관을 형성하고 자신의 성장을 위해 노력할 수 있을지 의문이다. 학교의 일과는 습관의 힘을 길러 준다. 시간표에 맞춰 생활하는 것은 시간표가 나를 통제하는 것이 아니라, 내가 시간에 맞춰서 생활하는 연습을 하면서 스스로에 대한 통제력을 키우는 과정이다.

학교가 성적을 이용해 학생들을 통제한다고 생각한다. 모든 학교는 학생을 성적으로 평가한다. 성적이 좋은 아이는 선생님과 친구 들에게 좋은 학생으로 여겨진다. 그런데 성적이 우수한 학생만이 성장한 학생일까? 성적이 좋지 않은 학생도 자신의 시간을 알차게 보내어 나름대로 성장했을 수 있다. 그런데 그 과정은 무시한 채 결과만을 중시한다면 학생들은 좌절할 수밖에 없다. 정체성을 형성할 성장기에 친구들과 성적을 비교하며 스스로를 깎아내리는 것은 성장에 도움이 되지 않는다.

우리는 학교에서 높은 시험 점수를 받으려고 노력한다. 학교가 성적이 곧 성공이라고 생각하게 만들기 때문이다. 이런 상황에서 학생 개인의 소질이 계발되기는 어렵다. 그럼에도 해마다 희망하는 직업을 써내야 한다. 20대 때 다양한 사회 경험을 바탕으로 선택하면 안 되는 것일까? 또 우리는 교칙으로 통제받는다. 사복을 금지하는 이유가 학생 간에 차별이 발생하기 때문이라고 들었다. 그런데 학교에서 성적으로 학생을 차별하는 것은 괜찮은 걸까? **학생들이 사회의 흐름을 강제로 '따르는 것'이 아니라, 사회의 패러다임을 '바꿔 나갈 수 있도록' 학교가 달라졌으면 좋겠다.**

5장

유관순이 3·1운동을 대표하나요?

●

1910년 한국을 강제 병합한 일제는 조선총독부를 설치해 식민 통치를 시작합니다. 총독은 한반도에서 행정, 입법, 사법권은 물론 군대 통수권까지 갖고 있었어요. 따라서 식민지 조선인의 삶은 총독이 어떤 인물인지에 따라 영향을 크게 받았습니다. 안타깝게도 초대 조선 총독 데라우치 마사타케는 폭력으로 조선인을 굴복시키는 무단통치를 시행했어요.

1910년대에 일본 헌병대는 경찰 업무를 수행하며 조선 민중을 억압했습니다. 이들이 주로 쓴 수단 중 하나가 태형입니다. 태형은 사람을 형틀에 묶고 곤장을 때리는 것입니다. 이처럼 가혹한 무단통치가 진행되던 1918년, 제1차 세계대전이 끝나면서 패전국의 식민지가 독립하게 됩니다. 이러한 전 세계적 분위기는 차별과 폭력으로 억눌렸던 식민지 조선인이 새로운 희망을 품게 했습니다.

3·1운동 하면 떠오르는 인물은 누구인가요?

2019년 문화체육관광부는 〈3·1운동 및 대한민국임시정부 수립 100주년 국민인식 여론조사〉 결과를 발표했습니다. 독립운동과 연관된 SNS상의 게시물 11만여 건을 분석한 결과 인물 연관어 중 언급량이 가장 많은 인물은 유관순이었습니다. 대한민국임시정부의 주석이었던 김구가 그 뒤를 이었는데, 1위와 2위의 언급량이 약 두 배 차이 날 정도로 유관순에 대한 언급이 압도적으로 많았습니다.

한국 사회에서 유관순은 3·1운동의 상징으로 여겨집니다. 왜일까요? 아마도 민족 최대의 독립운동이라 불리는 3·1운동 때문일 것입니다. 그렇다면 정말 유관순이 3·1운동을 대표하는 인물일까요? 대표한다면 그 이유는 무엇일까요? 이번 장에서는 3·1운동에 대해 살펴보며 역사적 사건을 특정 인물과 동일시하며 기억하는 것에 대해 고찰해 보겠습니다.

당시 세계정세는 어땠나요?

1918년 제1차 세계대전이 끝나고 세계는 커다란 변화를 맞이합니다. 전쟁은 사람들을 큰 충격에 빠뜨렸어요. 20세기에 들어서며 발전한 과학기술을 바탕으로 이성과 평화의 시대가 열릴 것이라 기대했지만 오히려 과학의 힘은 이전과는 차원이 다른 전쟁 피해를 초래했기 때문입니다. 세계 각 지역이 전쟁터가 되었고 약 1,000만 명의 군인이 사망했으며 민간인 사망자도 700여만 명에 달했어요.

사람들은 새로운 세계질서를 원했습니다. 이때 세계 최강대국으로 떠오른 미국의 대통령 우드로 윌슨이 세계 평화를 위한 14개의 원칙을 제시했어요. 그중 하나인 '민족자결주의'는 전 세계 수많은 식민지 민중을 가슴 뛰게 했습니다. 민족자결주의란 약소민족이라도 민족의 정치적 운명을 스스로 결정할 수 있다는 주장입니다.

실제로 이에 따라 폴란드, 체코슬로바키아, 헝가리 등 유럽에서만 8개국이 독립했어요. 독립의 가능성을 본 영국의 식민지 이집트와 인도, 프랑스의 식민지 베트남, 네덜란드의 식민지 인도네시아는 당시 전후 처리를 논의하던 자리인 파리강화회의에 대표단을 보내 독립을 요구하는 문서를 전달합니다.

독립운동 지도자들은 어떻게 대응했나요?

일제의 무단통치 시기, 독립운동 지도자들은 일제의 탄압을 피해 독립운동을 하고자 만주, 연해주, 상하이, 미국 등지로 망명을 떠난 경우가 많았습니다. 그중 상하이에 있던 여운형은 급변하는 국제 정세를 파악한 뒤 '신한청년당'이라는 단체를 조직합니다. 이후 여운형은 때마침 중국에 와 있던 미국 특사 찰스 크레인을 만나 파리강화회의에 한국 대표를 파견하는 것에 대해 동의를 얻습니다.

이때 한국 대표로 파리에 파견된 청년이 김규식입니다. 그는 영어를 비롯해 9개 국어를 유창하게 할 수 있었기에 적격이었죠. 파리로 떠나기 전 김규식은 여운형에게 걱정을 토로합니다. 파리에 가더라도 서양인들이 자신을 주목하지 않을 것이라는 우려였어요. 한국 대표가 주목받기 위해서는 누군가 국내에서 대대적인 독립운동을 해야 한다는 의견이 제시되었습니다. 따라서 신한청년당은 여러 독립운동 지도자를 만나며 역사를 바꿀 준비를 해 나갑니다.

파리강화회의의 소식은 도쿄의 조선 유학생들에게도 전해집니다. 신한청년당의 조용은, 장덕수가 유학생들을 만나 진행 상황을 공유했고, 유학생들 역시 도쿄에서 독립을 선언하기로 합니다. 1919년 2월 8일, 400여 명의 유학생은 〈2·8독립선언서〉를 낭독하며 '조선 독립 만세'를 외쳤습니다. 곧 경찰이 출동해 유학생들과 난투를 벌인 끝에 27명을 체포했습니다.

일제는 이 학생들을 내란죄로 처벌하려 했어요. 하지만 뜻하지 않은 반발을 겪게 됩니다. 하나이 다쿠조, 우자와 후사아키, 후세 다쓰지, 이마이 요시유키 등 일본인 변호사들이 무료 변론을 자청하고 나선 것이었어요. 이들은 "학생들이 자기 나라 독립을 외치는 것이 어떻게 일본 법률의 내란죄에 해당하냐", "학생들의 주장은 민족자결주의에 따른 정당한 행동이니 처벌할 수 없다" 등의 논리를 펴며 조선 유학생들을 적극적으로 변호했어요. 그들의 눈에는 민족과 국가를 넘어선 정의와 평화가 보였던 것일까요?

한편 유학생 중 한 명인 송계백은 국내에 들어와 독립운동가 최린에게 비밀리에 가져온 〈2·8독립선언서〉를 전했어요. 국내 독립운동 지도자들은 놀랐습니다. 어린 학생들이 도쿄 한복판에서 독립을 선언한 데에 자극을 받은 것이죠. 학생들의 움직임에 영향을 받은 국내 지도자들은 본격적으로 3·1운동 준비를 하게 됩니다.

3·1운동은 어떻게 진행되었나요?

1919년 1월 22일, 고종이 갑작스럽게 사망합니다. 일제에 의해 독살당했다는 소문이 퍼졌고 고종에 대한 추모 분위기가 전국적으로 형성되었어요. 고종의 장례식이 3월 3일로 결정되자 장례를 보기 위해 지방에서 상경하는 사람들이 줄을 이었습니다. 남대문 정거장의 1일 이용객이 평균 1,500명이었는데, 1919년 2월 26일에는 3,000여 명, 27일에는 6,000여 명이 서울로 온 것을 보면 당시의 분위기를 짐작할 수 있습니다.

독립운동 지도자들은 이 기회를 활용하고자 했어요. 대중을 많이 모을 수 있는 종교 지도자 33명이 '민족 대표' 역할을 맡았습니다. 마침 학생들도 대표단을 구성해 독립운동을 진행할 예정이었기에 종교계와 연합해 함께 행동하기로 합니다. 거사는 3월 1일 오후 2시, 종로의 탑골공원으로 결정되었어요.

〈3·1독립선언서〉는 최남선이 초안을 작성하고 천도교(동학을 계승한 민족종교)에서 운영하는 인쇄소인 보성사가 인쇄를 맡았어요. 그러던 중 큰 위기도 있었습니다. 종로경찰서의 친일 경찰이었던 신철이 순찰을 다니다 보성사에서 〈독립선언서〉를 인쇄하고 있는 것을 발견합니다. 민족 대표 최린은 "한 번만 눈감아 달라"라고 부탁합니다. 어떤 이유에서인지 신철은 묵인해 주었고, 〈독립선언서〉 3만 5,000장은 무사히 인쇄되었습니다. 3·1운동이 일어난 후 일본 경찰에게 추궁을 받은 신철은 청산가리를 먹고 자결합니다. 그는 어떤 마음이었을까요?

운명의 3월 1일, 학생들과 고종의 장례를 보러 전국 각지에서 상경한 사람들이 탑골공원으로 몰려들었습니다. 그런데 약속된 시간이 되어도 민족 대표들은 나타나지 않았어요. 이들은 태화관이라는 요릿집에서 따로 〈독립선언서〉를 낭독하기로 결정합니다. 탑골공원에 모인 수많은 인파로 유혈 충돌이 발생할 수 있다는 이유였어요. 파리강화회의를 비롯해 전 세계에 조선의 독립 의지를 표현하려면 평화적으로 진행되는 것이 유리하다는 판단이었습니다. 결국 민족 대표는 자신들끼리 〈독립선언서〉를 낭독하고 곧이어 모두 체포됩니다.

탑골공원에서는 사람들이 초조해하며 민족대표들을 기다리고 있었어요. 그중 학생 한 명이 팔각정 단상으로 뛰어 올라가 〈독립선언서〉를 낭독합니다.

> "우리는 오늘 조선이 독립한 나라이며, 조선인이 이 나라의 주인임을 선언한다. 우리는 이를 세계 모든 나라에 알려 인류가 모두 평등하다는 큰 뜻을 분명히 하고, 우리 후손이 스스로 살아갈 정당한 권리를 영원히 누리게 할 것이다. …"

우리가 몰랐던 3·1운동의 면모

이후 만세 운동은 전국 각지로 확산됩니다. 그중에는 대규모 시위도 많았어요. 3월 18일 경기도 강화 읍내 시장에서는 약 2만 명의 군중이 만세 시위를 벌였습니다. 3월 23일 경상남도 합천군 삼가면에서 1만 명, 4월 6일 평안북도 삭주군 8,000명, 3월 4일 평안북도 선천군과 3월 14일 함경북도 명천군에서 5,000~6,000명 규모의 시위가 있었고요. 유관순이 아우내 만세 시위를 주도했던 4월 1일은 하루 동안 전국에서 100여 건의 시위가 일어났고 3월 27일, 4월 2, 3일은 50회 이상 일어났으며, 30회 이상 일어난 날만 보름이 넘습니다.

시위 형태도 다양했어요. 도로에서 하는 만세 시위, 야간에 산에서 봉화를 피우는 시위, 지역과 지역이 태극기를 이어받아 진행한 릴레이 시위, 일제의 총칼에 목숨을 잃은 사람들을 떠메고 진행한 상여 시위, 상인들이 가게 문을 닫는 철시 시위, 학생들의 동맹휴학, 노동자들의 파업, 어린이 시위 등 남녀노소를 가리지 않고 전 계층이 다양하게 참여했습니다.

3월 18일 경상남도 진주에는 3,000~4,000명이 외치는 만세 소리가 천지를 뒤흔들었습니다. 오후 7시에는 노동자들이 결성한 '노동독립단'이, 2시간 뒤에는 거지들이 모인 '걸인독립단'도

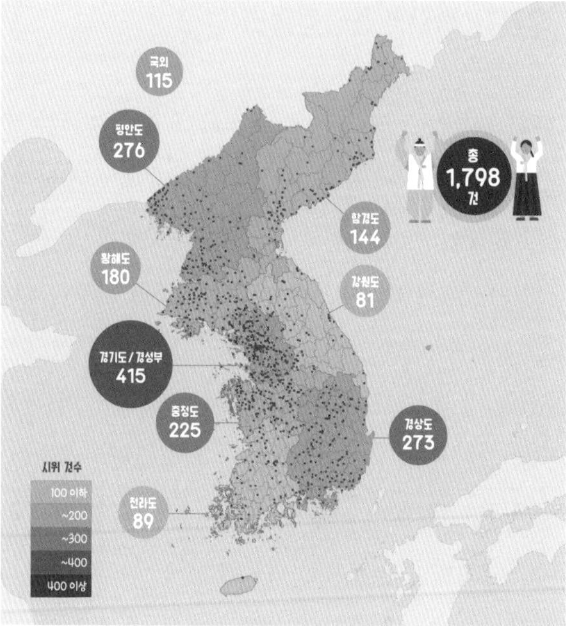

1919년 3월 1일부터 3개월간 전국 각지에서 만세 운동이 일어났다.

시위에 합류했어요. 이튿날 5,000~6,000명이 다시 모여 만세를 외쳤습니다. 일제 군인과 경찰은 총을 쏘고 검을 휘두르면서 시위대를 막으려 했어요. 이에 민중들은 돌을 던지며 맞섰습니다. 이때 '기생독립단'도 시위에 합류하며 약 12시간 동안 시위가 계속되었습니다. 이처럼 만세 운동에 참여한 이들은 특정 계층이나 연령대로 구별할 수 없는 조선인 그 자체였습니다.

3·1운동은 국외에서도 이어졌습니다. 한인들이 많이 이주한 중국 만주의 용정촌에서는 3월 13일에 시위가 시작됩니다. 800호에 달하는 용정의 한인들은 집집마다 태극기를 내걸었고, 12개 한인 학교 학생들도 교사들의 인솔 아래 시위에 참가했습니다. 상하이판 《독립신문》은 이날 시위에 참가한 한인이 3만 명이라고 밝혔습니다. 하지만 중국군이 시위대에게 발포해 현장에서 13명이 목숨을 잃고, 30여 명이 중상을 입었어요. 한국인의 독립운동을 빌미로 일본 군대가 만주로 침입할 것을 우려했기 때문입니다.

이러한 국내외 만세 시위는 총 1,700여 회 일어났고 100만 명 이상이 참가한 것으로 추정됩니다.[ↆ] 한국 역사상 최대 규모의 민족운동이라는 평가가 정말 잘 어울리지 않나요? 이러한 3·1운동 소식은 바다 건너 미국과 해외 여러 나라에도 전해집니다. 《뉴욕 타임스》는 3월 20일부터 한국의 독립운동과 인권 상황에 대해 다루기 시작했어요. 미국 UP통신은 1919년 3월부터 1920년 12월 15일 사이 한국에 관한 기사를 9,000회나 다뤘습니다. 그 밖에도 파리의 《앙탕트(Entente)》, 런던의 《모닝 포스

ↆ 이는 확인된 자료상의 수치로, 실제로는 더 많을 것으로 추정된다. 3·1운동의 시위 횟수와 참가자 수는 국사편찬위원회의 삼일운동 데이터베이스를 참고했다.

트》, 상하이의 《민국일보》에서도 3·1운동을 소개했습니다. 세계의 이목이 한국에 집중되는 데 충분했던 것이죠.

3·1운동에서 무엇을 기억해야 할까요?

3·1운동은 한국사에서 매우 중요한 위치를 차지합니다. 일제강점기가 시작되고 9년간 억눌려 있던 식민지 조선인들이 스스로 독립의 의지를 표현하면서 3·1운동 이후 독립운동은 더욱 다양한 방식으로 활기를 띠게 됩니다. 수많은 독립군이 결성되고 독립운동의 총본부인 대한민국임시정부가 수립되는 계기가 되었지요. 또한 노동자, 여성, 어린이처럼 그동안 소외되었던 다양한 계층이 목소리를 내고 직접 참여하며 사회의 주체가 되어 가기도 했어요. 거센 저항에 부딪힌 일제는 무단통치에서 '문화통치'로 통치 방식을 바꿉니다. 3·1운동을 '최대 규모의 독립운동'이라고 부르는 이유입니다.

다시 처음의 질문으로 돌아가 보겠습니다. 유관순을 3·1운동의 대표로 기억하는 것은 어떤 의미가 있을까요? 물론 유관순의 독립운동 행적은 매우 뛰어납니다. 아우내 장터에서 만세 운동을 주도적으로 이끌었으며, 감옥에 가서도 옥중 만세 운동을 벌였습니다. 일제의 모진 고문에도 굴하지 않고 저항했지요.

그런 유관순이 역사 교육에서 논란의 대상이 된 일이 있었습니다. 2015년 '유관순이 없는 교과서' 논쟁이 있었어요. 고등학교 한국사 교과서에 유관순이 등장하지 않는 경우가 있는데 이는 잘못된 교과서이니 국가에서 '올바른 역사 교과서'를 만들어야 한다는 주장이 제기된 것입니다. 사실 유관순에 대해서는 초등학교와 중학교에서 이미 배우기 때문에 고등학교 교과서에 나오지 않는 것은 당연해 보이기도 합니다. 그러나 2015년 당시 고등학교 한국사 교과서에서 유관순이 빠져서는 안 된다고 생각하는 사람도 많았습니다.

이러한 견해 차이는 역사를 기억하는 방식과 관련이 있습니다. 흔히 우리는 역사적 사건을 특정 인물과 동일시해 기억하곤 합니다. 예를 들어, 임진왜란은 이순신, 봉오동 전투는 홍범도라는 식이지요. 하지만 3·1운동이라는 역사적 사건을 유관순이라는 특정 인물로 기억하면 할수록 앞서 살펴본 수많은 3·1운동의 주체들은 그만큼 잊히는 것은 아닐까요? 여러분은 유관순이 3·1운동을 대표하는 인물로 기억되는 것에 동의하나요? 또한 3·1운동에서 기억해야 할 것은 무엇이라고 생각하나요?

너의 생각을 들려줘

나는 유관순이 3·1운동을 대표한다는 말에 동의한다. 그는 어른이 아닌 어린 여학생으로서 만세 운동을 주도적으로 이끌었다. 그 당시 잔인무도한 일본에 대항해 싸우는 것은 큰 용기가 없었다면 불가능했을 일이다. 남녀차별이 지금보다 심하던 시절에 여학생이 독립운동을 이끈 것은 대표적으로 기억할 만한 일이다. 3·1운동에서 기억해야 할 것은 당시 억눌렸던 민중이 스스로 독립 의지를 표현했다는 점이다. 그리고 소외되어 있던 많은 이가 동참했다는 사실도 중요하다. 어느 시대나 소외되어 관심받지 못하는 이들이 존재한다. 그들 스스로 주체가 되어 목소리를 낼 수 있는 힘은 우리의 의지와 긍지에서 나온다고 생각한다. 그 당시 민중들의 숨어 있는 힘이 지금까지도 이어져 촛불집회와 같은 불꽃을 밝힌 게 아닐까? 유관순은 이런 소외된 민중의 대표 자격이 있다.

유관순이 학생이었음에도 3·1운동을 앞장서 이끌고 일제의 잔혹한 고문에도 굽히지 않은 것은 무척 훌륭하다. 하지만 한 인물이 3·1운동 자체를 대표한다고 보는 것은 맞지 않다. 3·1운동을 대표하는 것은 독립운동에 힘을 보태고 일제의 탄압에 대해 목소리를 낸 조선인 모두라고 생각한다. 일제에 저항하면 불이익을 당할 수도 있는 상황임에도 많은 사람이 나라의 독립을 위해 위험을 무릅쓰고 만세 운동을 했다. 그분들이 원했던 자유, 그리고 그 자유를 위해 행동으로 나선 것을 오래도록 기억해야 한다.

동의하지 않는다. 물론 3·1운동을 생각하면 가장 먼저 떠오르는 역사적 인물인 것은 맞지만 3·1운동을 대표한다고는 볼 수 없다. 3·1운동은 우리 민족 모두가 힘을 합쳐 이뤄 낸 것인데, 유관순만 기억한다면 다른 독립운동가들의 활동은 보이지 않게 되기 때문이다. 역사적 사건을 어떤 인물과 동일하게 여기는 것은 시험 때 외우기 쉬운 것 외에 다른 좋은 점은 없는 것 같다. 유관순 열사도 3·1운동에 대한 기억이 축소되는 것을 원치 않을 것이다. 우리가 기억해야 할 것은 나이나 신분에 관계없이 수많은 사람이 독립을 위해 힘썼다는 사실이다.

6장

독립전쟁은 자랑스러운 역사가 될 수 있을까요?

●

1910년 나라를 빼앗긴 후 식민지 조선인은 일제의 무단통치 아래 힘든 시기를 보냈어요. 그러나 독립을 포기한 것은 아니었습니다. 수많은 독립운동가가 국외로 떠나 독립을 준비하고 있었어요. 그중 가장 치열한 투쟁이 있었던 곳은 한반도 북쪽의 만주와 연해주 지역입니다. 이곳은 한반도와 가까워 많은 조선인이 정착해 살고 있었고 1911년부터 신흥강습소(훗날의 신흥무관학교)로 대표되는 군사학교들이 설립되어 독립군을 키우기 시작했습니다. 3·1운동 이후 수립된 대한민국임시정부는 1920년을 '독립전쟁의 해'로 선언합니다. 당시 만주의 독립군 부대는 10여 개, 총인원은 5,000명이 넘었다고 합니다. 유명한 독립전쟁인 봉오동전투와 청산리전투가 벌어진 것도 바로 1920년입니다.

독립군 후손들은 지금 어떤 삶을 살고 있을까요?

역사적으로 거의 모든 국가는 건국 초기에 힘을 쓴 사람을 표창하고 예우했습니다. 대한민국도 일제강점기의 독립운동에 그 뿌리를 두고 있기에 독립유공자를 개국공신으로 우대합니다. 그래서 독립운동가가 받는 훈장의 명칭이 '건국훈장'이지요. 그런데 독립운동가 가운데 목숨을 걸고 가장 치열하게 투쟁했다고 할 수 있는 독립군의 후손은 독립유공자 자손으로 인정받지 못하거나 생계가 어려운 경우가 많습니다.

독립운동가와 그 후손, 유족들이 결성한 단체인 광복회에 따르면 독립유공자 후손 중 75%가 월 소득이 200만 원 미만입니다. 또한 독립운동가 후손의 65% 이상은 생활고로 인해 고등학교 이상의 교육을 받지 못했어요. 청산리전투의 마지막 생존자 이우석의 딸 이춘덕 씨는 한 인터뷰에서 이렇게 말했습니다.

"아버지의 독립운동이 가족에게 남긴 게 도대체 뭐냐고요. 예전에는 우리 아버지가 참 훌륭한 분이란 자부심 하나로 살았어요. 그런데 점점 그게 아닌가 봐요."

―김동우, 《뭉우리돌의 바다》 중에서

독립군의 자손이라는 자부심을 가지고 살아야 마땅한데 그의 말에서는 국가에 대한 원망, 더 나아가 독립군이었던 아버지에 대한 원망까지 비칩니다. 왜 이런 일들이 생기는 걸까요? 독립군과 그 자손들은 어떤 일생을 살아왔을까요?

독립군은 어떤 사람들이었을까요?

독립운동은 다양한 형태로 이루어졌지만 그중 독립군과 독립전쟁은 독립운동사의 가장 강렬한 순간으로 기억되곤 합니다. 아마도 목숨을 건 독립군의 활동이 우리에게 주는 울림이 크기 때문이겠지요. 그러나 실제로 독립군으로 활동한 사람은 당시 전체 인구의 0.1%도 되지 않았습니다.⇣ 과연 어떤 사람들이 독립군이 되었던 걸까요?

⇣ 통계청 〈인구총조사〉에 따르면 1925년 인구는 1,952만 2,945명이다.

흔히 독립군 하면 홍범도와 김좌진 같은 장군을 떠올립니다. 하지만 이들은 평범한 독립군의 삶을 살펴보기에는 너무나 소수의, 특출난 인물입니다. 상대적으로 덜 알려진 인물과 그 가족사를 들여다본다면 독립군의 삶을 더 촘촘히 이해할 수 있을지도 모릅니다. 김좌진이 총사령관으로 있었던 북로군정서의 여단장 최해(1895~1948)와 그의 아내 김아지(1892~1968)의 삶을 통해 당시 독립군의 삶과 독립전쟁을 살펴보겠습니다.

일제의 한국 강제 병합 이후 많은 사람이 국경을 넘어 만주와 연해주로 거처를 옮겼습니다. 국내에서는 먹고살기 어렵지만 만주에서 농사를 지으면 잘살 수 있다는 소문도 돌았어요. 경상북도 울진에 살고 있던 최해의 집안은 대대로 농업과 어업을 병행해야 할 정도로 가난했습니다. 최해는 17세 때 고향을 떠날 결심을 합니다. 일제의 지배 아래 놓인 고향에서는 희망이 없다고 본 것입니다.

최해는 결혼한 지 한 달 만에 가족들과 함께 만주 유하현으로 이주해 정착합니다. 그리고 독립군 양성 기관인 신흥무관학교에 입학했어요. 1915년 고등군사반 제4기를 우수한 성적으로 졸업한 그는 능력을 인정받아 신흥무관학교 교관으로 임명됩니다. 그는 독립군 훈련 교본을 직접 작성하며 신흥무관학교의 명교관으로 이름을 알리게 됩니다.

그 무렵 최해 가족의 생계는 아내인 김아지가 도맡았습니다. 만주의 간도 지역은 너무 춥고 농사를 짓기에 적합한 땅이 아니었습니다. 주인 없는 황무지를 고생해서 개간했지만 벼농사는 어림없었고, 수확물은 주로 조, 수수, 감자였어요. 힘들게 밭일을 하는 와중에 김아지는 첫아들을 낳았습니다. 하지만 아기는 풍토병으로 얼마 안 가 사망했습니다. 이렇듯 독립군과 그 가족은 배고픔과 질병과 싸우며 살아야 했습니다.

당시 만주와 연해주에는 여러 독립군 부대가 만들어지고 있었어요. 신흥무관학교 출신들은 각 부대로 흩어져 독립군의 주축이 됩니다. 북로군정서 총사령관 김좌진 역시 부대를 강화하기 위해 신흥무관학교 교관들을 간부로 초빙했어요. 이때 최해도 북로군정서에 합류해 여단장에 임명됩니다. 북로군정서 서열 5위에 해당하는 자리였어요. 최해를 비롯한 신흥무관학교 출신들이 합류한 북로군정서는 '만주 최강의 부대'로 불리게 됩니다.

최해가 여단장이 되었지만 살림살이는 여전히 어려웠어요. 김아지는 남편이 독립군에서 명성을 얻으면 얻을수록 고생스러웠다고 합니다. 당시 독립군의 군량(군대의 양식)이 넉넉지 않았기에 김아지는 수시로 식량을 공급해야 했고 남루한 군복을 일일이 기우고 세탁했습니다. 독립군이 군대로서 모습을 갖추기 위해서는 독립군 가족들의 희생과 노력이 필요했던 것입니다.

독립전쟁은 어떻게 진행되었나요?

1919년, 홍범도가 이끄는 대한독립군은 일제의 삼엄한 경계를 뚫고 압록강 너머 함경남도 혜산과 갑산을 공격하며 국내 진입 작전을 개시합니다. 일제의 자료에 따르면 1920년 1월부터 3월까지 독립군이 수행한 국내 진입 작전은 총 24회였다고 합니다. 또 3월부터 6월 초까지 독립군이 32차례의 유격전을 펼쳤고 34개소의 일제 관공서를 파괴했다고 대한민국임시정부의 기록에 남아 있어요.

이처럼 연이은 독립군의 국내 진입 작전에 충격을 받은 일제는 약 300명의 추격대를 편성해 간도 일대에 대한 수색 작업에 나섭니다. 이에 홍범도는 최진동, 최운산 형제에게 도움을 요청해 연합부대를 구성하고 봉오동 골짜기에 방어 작전을 세웁니다. 봉오동은 삼면이 산으로 둘러싸여 매복하기에 적합했지요. 일본군을 봉오동으로 유인한 뒤 기습 공격한 끝에 독립군은 승리합니다(봉오동전투, 1920). 일본군 157명 사망, 독립군 4명 사망이라는 대승을 독립전쟁의 첫 전투에서 거두었어요.

독립군이 일제의 식민 지배에 위협이 되자, 최신 장비로 무장한 2만 명의 일본군이 만주로 향합니다. 북로군정서를 중심으로 대한독립군, 대한국민군, 대한의군부 등 약 10개의 부대가 연합한 독립군은 총 2,000명가량 되었습니다. 하지만 이 인원으로는 정면 대결이 어렵다고 판단해 백두산 부근의 청산리로 일본군을 유인, 지리적 이점을 이용해 전투를 벌입니다. 1920년 10월 21일부터 26일 사이 벌어진 10여 차례의 전투에서 독립군이 모두 승리했어요(청산리전투). 대한민국임시정부에 따르면 일본군 전사자가 1,000명이 넘었습니다. 이번에도 대승이었습니다.

대체 독립군은 어떻게 열 배나 많은 일본군을 상대로 승리할 수 있었을까요? 독립군뿐 아니라 독립군 가족들, 그리고 간도에 살고 있던 조선인들도 청산리전투에서 큰 역할을 했습니다. 최해가 전투를 지휘할 때, 김아지는 독립군 아내들과 함께 주먹밥을 만들어 독립군에 공급했고 부상병을 치료하고 간호하는 역할도 수행했어요.

갑산촌 주민들 역시 크게 공헌했습니다. 주민들은 천수평 지역에 일본군 1개 중대가 야영 중인 것을 발견해 독립군에 알렸고, 독립군은 잠들어 있는 일본군을 공격해 손쉽게 승리할 수 있었습니다. 또 주민들은 일본군에 거짓 정보를 알려 주기도 했어요. 이처럼 두 전투에서의 승리는 직접 전투에 참여하는 군인 외에도 많은 이의 노력이 있었기에 가능했습니다.

봉오동과 청산리에서의 승리로 독립군은 자신감을 얻었어요. 나라를 빼앗긴 후 10년간 훈련해 온 것이 헛되지 않았음을 증명한 것이죠. 그러나 독립군의 기록적인 대승에 화가 난 일본군은 패배에 대한 분풀이로 간도참변이라 부르는 끔찍한 학살을 시작합니다. 주요 공격 대상은 간도 지역의 독립군 기지와 조선인 마을로, 북로군정서의 병영과 사관연성소도 이때 불탔습니다. 한 달 동안 일본군에 학살당한 조선인이 3,000명이 넘었습니다. 당시 학살을 목격한 한 서양인 선교사에 따르면 간도는 "인류사의 저주받은 한 페이지"였다고 합니다.

이후 독립군 가족들은 어떤 삶을 살았을까요?

근거지를 잃은 독립군은 만주(간도) 지역을 떠날 수밖에 없었어요. 러시아 영토로 이동한 독립군도 있었는가 하면 만주에 남은 독립군도 있었습니다. 최해는 러시아로 피신했다가 다시 만주로 돌아왔고, 독립군 동지 300명과 함께 고려혁명군을 조직합니다. 총사령관에 김규식, 사령부관장에 최해, 기병사령에 이범석이 취임했습니다. 폐허가 된 간도의 마을들을 재건하는 것이 독립군과 그 가족들의 목표였어요. 독립군들도 농사에 힘쓰고 틈틈이 재산을 모아 러시아에서 무기를 구입해 왔습니다.

그러나 독립군 재건은 쉽지 않았어요. 1925년 일제는 만주 지역의 독립군 활동을 탄압하기 위해 만주의 중국 세력가들과 협정을 맺습니다(미쓰야 협정). 이 협정에는 중국 관헌은 만주에 있는 항일 한인 단체를 해산시키고 무기를 몰수한다, 무기를 휴대한 한인이 조선으로 들어가는 것을 금지하고, 이를 어기는 사람은 검거해 일본 경찰에 넘긴다는 내용이 담겼습니다. 독립군은 이제 일본군과 경찰뿐 아니라 중국 경찰의 감시까지 피해야 했습니다.

최해 역시 수시로 거처를 옮겨야 했어요. 만주의 울창한 숲속에 몸을 숨겨야 하는 일이 허다했습니다. 가족에게 알리지 못하는 경우도 많았기에 김아지는 남편과 영영 이별할지도 모른다는 두려움을 항상 안고 살아야 했습니다. 그럼에도 독립을 향한 꿈은 포기하지 않았어요. 유격 작전을 펼쳐 일제 경찰이나 관공서를 기습 공격하는 일은 1940년대까지 이어졌습니다.

일제강점기 내내 조선과 만주 땅에서 독립운동을 해 오던 최해와 가족들, 그리고 동지들은 1945년 8월 15일 일제가 패망했다는 소식을 듣게 됩니다. 식민지 조선인 모두가 기뻐할 일이었지만 이들에게는 더욱 남다른 감격을 안겨 주지 않았을까요?

광복 이후 얼마 지나지 않아 최해는 해외에 있는 독립지사들은 서울로 집결하라는 연락을 받습니다. 35여 년 만에 고국으로 돌아가려니 기쁘기도 했지만 어떤 혼란이 있을지 모르기에 조심스럽기도 했습니다. 아직 국내 사정을 정확히 파악하기 어려우니 최해는 둘째 아들 최기룡과 먼저 서울로 가기로 했습니다. 자리를 잡은 뒤에 나머지 가족들을 불러올 생각이었죠.

최해가 떠나는 날, 김아지는 이렇게 한탄했습니다. "이제 독립이 되어 헤어져 사는 일이 없을 줄 알았는데, 독립군의 아내는 어찌 이렇게 이별을 수없이 해야 합니까." 김아지는 만주의 넓은 평야에서 서서 부자가 지평선 끝으로 사라질 때까지 하염없이 바라보았다고 최기룡은 회고했습니다. 당시 최기룡은 몇 번이나 뒤돌아보며 눈물을 훔쳤는데 최해는 한 번도 돌아보지 않아 독립운동하신 분은 이별에도 이렇게 냉정한가 생각했다고 하네요.

서울 상황은 좋지 않았습니다. 북위 38도선을 경계로 한반도는 둘로 나뉘었고 남쪽은 미군, 북쪽은 소련군이 점령한 것입니다. 사람들은 자본주의를 지지하는 우파, 사회주의를 지지하는 좌파로 나뉘어 대립했어요. 만주에 있는 가족들을 불러오기에는 불안해 보였습니다.

그러던 중 최해는 건강이 악화되어 55세의 나이로 사망합니다. 1948년 8월 11일, 대한민국 정부 수립 선포 4일 전이었습니다. 평생을 조국 독립을 위해 함께해 온 최해, 김아지 부부는 그렇게 소식이 끊긴 채 사별하게 되었습니다.

독립군 후손은 독립유공자로 인정받을 수 있었을까요?

하루아침에 홀로 타지에 남겨진 10대 소년 최기룡은 막막했어요. 한반도가 남과 북으로 분단되어 더는 고향에 갈 수도 가족들과 연락할 수도 없었어요. 그나마 다행인 것은 북로군정서, 고려혁명군 시절 최해와 함께 활동한 이범석이 초대 국무총리가 되었다는 점입니다. 최기룡은 이범석에게 편지를 보내 자신의 사정을 알렸습니다. 이범석은 최기룡이 학업을 마칠 수 있게끔 후원해 주었고, 그가 독립유공자의 후손으로 인정받을 수 있게 처리해 주었어요.

그런데 다른 독립군 가족들은 어땠을까요? 만주에 남았던 사람 대부분은 남북으로 분단되고 중국이 공산화되면서 고국으로 돌아오는 것이 불가능했습니다. 그리고 이후에는 중국의 소수민족인 '조선족'으로 편입되는 경우가 많았습니다. 당연히 독립유공자 후손으로 인정받기도 어려운 상황이지요.

고국에 돌아온 경우에도 어렵기는 마찬가지였습니다. 자신들의 독립운동 활동을 증명하기 힘들었기 때문입니다. 일본 경찰이나 중국 관리의 눈을 피해야 했던 독립군은 활동에 대한 구체적인 기록을 남긴 경우가 드물었습니다. 또한 전투나 도피

중에 기록이 소실되기도 했어요. 이범석처럼 믿을 만한 누군가가 독립운동에 대해 증언해 줄 수 있다면 좋았겠지만, 그럴만한 사람들은 사망한 경우가 더 많았지요. 이 때문에 현재까지도 독립군 후손이 제대로 된 인정을 받지 못한 채 생계의 어려움을 겪고 있습니다.

증거가 부족해 독립유공자로 등록되지 못한 사례도 있지만, 또 다른 어려움도 있습니다. 봉오동전투에서 결정적인 역할을 했던 최운산은 공적에 비해 낮은 서훈을 뒤늦게야 받았습니다. 최운산의 손녀는 이렇게 증언했습니다.

> "1961년 보훈 업무 담당 직원이 최운산에게 서훈을 주는 대가로 뒷돈을 요구하자 격분한 아버지(최봉우)가 주먹을 날렸답니다. 그 바람에 서훈도 취소됐다고 합니다."

이렇듯 독립군에 대한 서훈이 이뤄지던 초기에는 뇌물로 서훈 여부가 결정되는 일도 있었던 것으로 보입니다. 또한 광복 이후까지 살아남은 독립군이 대한민국 정부에서 권력을 차지해 다른 이의 공적을 자신이 한 것처럼 포장했다는 의혹도 있습니다. 1969년, 최운산의 아내 김성녀는 "독립운동 당시 하급 지휘관 및 졸병으로 생존한 독립 인사가 자신의 공적을 과대

1922년 1월 모스크바 극동 민족대표대회에 참석한 홍범도 장군(왼쪽) **과 최운산의 형인 최진동 장군**(오른쪽)

선전하기 위하여 사실을 허무맹랑하게 왜곡"했다며 대한민국 정부에 진정서를 제출하기도 했습니다.

여기서 하급 지휘관은 이범석을 겨냥한 말입니다. 이범석은 자서전《우둥불》을 통해 청산리전투 상황을 많은 사람에게 알렸습니다. 그는 이 책에서 김좌진과 함께 청산리전투 작전을 상의했다며 자신을 청산리전투의 주역으로 서술했어요. 그런데 당시 20세였던 이범석은 북로군정서 사관연성소 교관에 불과했습니다. 그리고 그 책에는 자신보다 상급자였던 여단장 최해에 대한 언급이 전혀 없습니다. 상급자를 제치고 교관이 김좌진과 작전을 상의하는 것은 어색한 일이지요.

또한 이범석은 청산리전투에서 홍범도의 역할을 의도적으로 축소했습니다. 이범석과 홍범도가 정치적으로 다른 입장이었기 때문입니다. 자서전을 출간할 당시 이범석이 권력자였기에 그의 이야기는 역사적 사실로 인정되어 왔습니다. 하지만 이 기록을 믿을 수 있을까요? 이처럼 누군가 자신의 공을 부풀리기 위해 역사를 의도적으로 왜곡해 왔다면, 이름 없이 사라진 독립군의 업적은 얼마나 많을까요?

독립군 후손에 대한 예우 이대로 괜찮은가요?

힘들게 독립유공자 혹은 그 후손으로 인정받았더라도 문제는 또 있습니다. 바로 법률상의 문제입니다. 독립유공자의 자손은 〈독립유공자 예우에 관한 법률〉에 따라 보상금, 생활 지원, 교육 지원, 취업 지원의 혜택을 받을 수 있습니다.

그러나 2018년 기준 생존해 있는 독립유공자 본인과 그 유족의 평균 연령은 각 94세, 76세로 고령입니다. 게다가 이러한 독립유공자 혜택은 '손자녀 중 1명'에게만, 2019년 8월까지는 그마저도 남자 장손에게만 적용되었어요. 앞서 소개한 이춘덕 씨는 딸이라는 이유로 혜택을 받지 못했고 아들인 동생에게만 혜택이 돌아갔습니다. 현재는 성별 구분 없이 첫째 자손에게 혜택을 지원하는 것으로 법률이 개정되었지만 독립한 지 74년이나 지난 후이기 때문에 남아 있는 후손은 많지 않습니다. 만약 생존해 있더라도 한 명만 지원해 주니 나머지 후손의 생계는 어려울 수 있지요.

또 독립군 후손은 대개 만주에서 생활했기 때문에 최기룡처럼 독립 이후 바로 귀국하지 않았으면 중국에서 '조선족'으로 살아야 했어요. 곧이어 한국전쟁으로 귀국은 더욱 어려워졌습니다. 현재는 한국과 중국이 외교 관계를 맺고 있어 귀국 후 독립유공자로 인정받기도 했지만, 이미 시간이 오래 지나 보상금이나 생활 지원을 받지 못한 채 사망한 경우도 많습니다.

이처럼 독립군 후손에 대한 예우는 여러 문제를 안고 있습니다. 독립운동을 자랑스럽게 기억해야 한다는 데에는 누구나 동의합니다. 국가 공동체를 위해 희생하고 헌신한 사람을 기억하고 예우하는 것은 국가의 의무이기도 하지요. 그런데 독립운동의 가장 뜨거운 순간으로 기억되는 독립전쟁과 그 전쟁을 이끈 독립군이 제대로 예우받지 못하는 현실은 어떻게 받아들여야 할까요? 우리가 독립전쟁을 자랑스러운 역사로 기억하기 위해서 개선되어야 할 점은 무엇일까요?

너의 생각을 들려줘

독립유공자 후손 예우에 관한 법을 바꿔야 한다. 정부에서는 지금도 독립운동가를 발굴해 훈장을 준다는 뉴스를 봤다. 당연한 일이지만 일찍 인정된 독립유공자에 비해 경제적 혜택을 덜 받는 셈이니 형평성이 부족한 것 같다. 독립군 후손들이 증거가 부족해서 뒤늦게 인정받는다면 손자 이후의 후손이라고 해도 지나간 시간을 고려하여 보상금, 생활 지원, 교육 지원 등 혜택을 모두 주는 것이 독립군에게 늦게라도 감사의 의미를 표하는 길이라고 생각한다.

요즘 10대들 사이에는 조선족 비하가 심각하다. 조선족이라는 단어를 비속어로 사용하는 친구도 많다. 사실 나도 왜 그들이 중국에 살고 있는지 궁금해하지 않았다. 독립운동가와 그 가족들은 광복 후 귀국한 줄 알았는데 중국에 남아 고향으로 돌아오지 못하는 처지가 되었다는 게 안타까웠다. 독립운동가 후손들이 생계가 어렵다는 기사가 나오면 사람들은 뭔가 잘못됐다고 생각하지만 조선족이라면 무조건 싫어하는 사람들이 많다. 이건 모순인 것 같다. 지금 우리 사회에 필요한 것은 무엇보다 독립운동가와 그 후손에 대한 인식을 바꾸는 것이 중요하다.

대한민국은 식민지에서 선진국이 된 자랑스러운 나라라고 생각했는데 아직 부족한 것 같다. 우리나라 경제력이 세계 10위라고 하는데, 그 정도면 국가를 위해 힘쓴 분들의 후손에 대해 예우해 줘야 한다고 생각한다. 첫째 자식에게만, 그것도 남녀를 따져서 혜택을 주었다는 게 너무나 황당하다. 재정적 지원이 힘들다면 그분들이 자랑스러울 수 있도록 훈장이라도 드려야 하며 독립군이 기억될 수 있도록 후손들을 만나 증언을 듣고 기록해 책으로 만들었으면 좋겠다. 그래야 독립군이 자신들의 희생과 헌신에 보람을 느끼지 않을까? 지금의 우리 또한 대한민국 국민으로서 자긍심을 갖게 될 것이다.

7장

일제강점기는 일본인이 조선인을 지배한 시기인가요?

●

일제는 1910년부터 1945년까지 35년간 한반도를 식민 지배했습니다. 조선인은 여러 독립운동 단체를 결성해 저항했지요. 무단통치 시기에는 헌병 경찰의 단속을 피해 비밀결사를 조직했고 국외에 독립운동 기지를 건설했습니다. 1919년 3·1운동 이후에는 대한민국임시정부를 중심으로 강대국들과 외교 관계를 맺어 독립을 이뤄내려 했고, 독립군들의 독립전쟁과 무장투쟁도 이어졌어요.

각 방면에서 사회운동도 일었습니다. 조선인이 만든 물건을 소비하자는 물산장려운동, 민족 대학을 만들어 조선인을 교육하자는 민립대학 설립운동이 전개되었어요. 노동자와 농민은 각 지역에서 파업과 소작쟁의를 벌이며 억압에 저항했습니다. 독립운동가들은 일제와 전쟁 중인 중국, 영국, 미국과 연합해 독립투쟁을 전개했고, 1945년 8월 15일 일제의 항복으로 35년의 일제강점기는 끝나게 됩니다.

일제강점기는 어떻게 기억되고 있나요?

일제강점기(1910~1945)는 한국 영화의 단골 소재입니다. 일제강점기를 배경으로 한 영화 〈암살〉(2015)과 〈밀정〉(2016), 〈덕혜옹주〉(2016)는 흥행에 성공했습니다. 이처럼 일제강점기를 다룬 영화가 인기를 얻는 이유는 무엇일까요? 아마 독립운동가와 일제의 대결을 흥미진진하게 그렸기 때문일 겁니다.

《영화 사전》의 저자 수잔 헤이워드는 역사 영화의 특징을 "국민들이 민족사를 떠올리면서 과거의 '위대한 순간' 또는 '위대한 사람들'을 중심으로 역사를 보도록 가르친다"라고 지적했습니다. 이렇듯 우리는 일제강점기의 모습을 일제의 침략과 위대한 독립운동가의 저항을 중심으로 상상합니다. 앞서 소개한 영화들은 이런 국민적 정서를 잘 반영한 사례이지요.

반면 이러한 '위대한 순간'의 이미지를 흐리는 역사 영화는 비난을 받기도 합니다. 〈군함도〉는 개봉 이후 논란에 휩싸였어요. 스토리의 개연성도 지적받았지만, 극 중 친일파 조선인이 일본인보다 더한 악역으로 묘사된 것이 관객들의 비판을 받았습니다. 이에 대해 작가 심용환은 "숱한 곳에서 친일파들이 같은 동족을 등쳐먹은 것은 사실"이라며 선과 악의 구도로만 일제강점기를 바라보는 것은 우려스러운 일이라고 했습니다. 일제강점기는 정말 일제의 침략과 그에 대한 저항의 시대였을까요? 이번 장에서는 독립운동가와 일본 제국주의자 외에 다양한 사람들의 삶을 만나 보며 일제강점기라는 시기를 어떻게 기억해야 할지 생각해 봅시다.

일본인만으로 조선을 지배할 수 있었을까요?

1910년 일제는 무력을 동원해 조선을 강제로 병합합니다. 그러나 힘으로 권력을 빼앗는 것은 가능했을지 몰라도 나라 전체를 지배하는 것은 완전히 다른 문제였어요. 당시 조선의 전체 인구는 약 1,600여만 명이었습니다. 이 인구를 지배하기 위해 일제가 배치한 군대의 규모는 어느 정도였을까요? 놀랍게도 일제강점기 한반도에 주둔한 일본군은 평균 2만 4,000여 명이었습니다. 조선 전체 인구의 0.2%도 채 되지 않는 군인 수로는 식민 지배가 불가능하다는 것은 일제도 알고 있었어요. 따라서 일제는 식민 지배에 협력할 조선인들을 적극적으로 찾고 육성합니다.

일제강점기 조선인은 일본인보다 수준이 낮은 '2등 국민' 취급을 받았어요. 조선인은 야만적이고 미개하다며 멸시하고 차별했지요. 일제는 이런 차별 구조를 만드는 것과 동시에 식민 통치에 협력할 만한 조선인을 키우려 노력했고 실제로 협력한 조선인도 많았습니다. 자신의 출세를 위해 일제에 협력한 사람을 보통 '친일파'나 '친일 반민족 행위자' 등으로 부르지만 여기서는 '식민 지배 협력자'라는 표현을 쓰겠습니다.

식민 지배 협력자들은 식민 지배의 최고 기관인 조선총독부 직원부터 지방의 읍면의 장까지 전국적으로 존재했어요. 조선총독부의 조선인 직원 숫자는 1910년대에는 9,000명 정도였으나 해방 직전에는 4만 5,000명을 넘어섭니다. 물론 총독부 고위 관직에 종사하는 경우는 매우 적었지만, 하급 관리는 일본인보다 조선인이 더 많았어요.

각 지역의 상황도 비슷했습니다. 전국 13개도 가운데 조선인 도지사는 다섯 명이었고 각 마을의 면장은 99%가 조선인이었습니다. 중요한 직책을 맡은 경우는 적지만 조선인과 직접적으로 마주하는 직책은 대부분 식민 지배 협력자들이 맡았던 것입니다. 실제로 이들은 일제의 식민 통치 정책을 홍보하고 실행하는 역할을 합니다. 식민 지배 협력자들은 같은 일을 해도 일본인에 비해 월급을 적게 받았지만 그럼에도 식민 지배에 협력하지 않은 조선인보다는 사회적 권력을 누리며 살 수 있었습니다. 이렇듯 일제는 식민 통치에 잘 협조하면 조선 사람도 얼마든지 출세할 수 있다는 것을 보여 주었습니다. 이에 사회적으로 명망이 있던 이광수와 최남선 등은 자신의 글솜씨와 명성을 일제의 전쟁 범죄를 홍보하는 데 사용하며 일제에 협력했습니다. 이들처럼 유명하고 영향력 있는 인물뿐 아니라 평범한 조선인도 출세와 경제적 안정을 위해 일제의 손발이 되었습니다.

식민지 조선으로 온 일본인

조선이 일본의 식민지가 되자 조선으로 이주해 온 일본인들도 있었습니다. 1910년 강제 병합 직후 한반도에는 약 17만여 명의 일본인이 살고 있었습니다. 이들은 왜 낯선 땅 조선으로 오게 된 것일까요?

이주한 일본인 가운데는 조선총독부에서 일하는 관리처럼 엘리트층도 있었지만 일본에서 생계가 막막한 사람들이 많았습니다. 이들에게 식민지 조선은 기회의 땅이었어요. 무직자나 하층민이 조선에서 상점을 열거나 목수로 취업하는 일들도 잦았습니다. 이들은 대부분 조선총독부의 조선 식민 지배에 협력하며 살아갔지만 항상 그런 것은 아니었어요. 몇 가지 사례를 통해 당시 조선에 살고 있던 일본인들의 삶을 살펴보겠습니다.

1931년까지 충청남도의 도청은 공주에 있었어요. 그런데 총독부가 도청을 대전으로 이전하는 계획을 세웁니다. 공주에 살고 있던 일본인들은 총독부의 도청 이전 계획에 반대했어요. 도청이 옮겨지면 자연스럽게 충청도 상업의 중심지도 대전이 될 테고 그에 따른 경제적 피해가 예상됐기 때문입니다. 공주 지역의 일본인은 조선인과 힘을 합쳐 이전 계획에 저항합니다. 1931년 3월 11일부터 13일까지 조선인과 일본인 500여 명이 횃불 시위를 벌이는 등 거세게 항의했습니다. 이해관계를 놓고 일본인이 조선인과 손을 잡기도 하고 총독부의 정책에 반대하기도 했던 것이지요.

다음으로 살펴볼 인물은 조코 요네타로입니다. 조코는 조선에 온 일본인 교사로, 학생들을 존중하고 학생의 성장을 위해 노력했습니다. 자신의 직업에 대한 사명감으로 일하던 그는 '조선이 독립하지 않으면 조선인의 행복은 있을 수 없다'고 판단했습니다. 또한 일본의 제국주의 교육을 받는 학생들은 그저 국가의 명령을 따르기만 하는 노예가 될 것이라고 생각했어요.

조코는 졸업생 제자인 조판출과 함께 학생 모임인 독서회를 만듭니다. 독서회의 가장 중요한 목적은 학생들이 사회에 대한 비판 의식을 갖추도록 하는 것이었어요. 이를 통해 민족운동의 예비 지도자를 키워 낼 수 있었습니다. 청소년을 조선 독립의 주역으로 길러 내기 위해 조선의 젊은 교사들과 함께 교원노동조합을 조직하려고도 했지요. 독서회는 조선인 학생과 일본인 학생 모두 가입할 수 있었어요. 독서회를 통해 조선과 일본의 청년들이 연대하고 일제의 식민지 정책의 불법성을 알리는 활동도 했습니다. 조선이 독립하기 위해서는 조선인과 일본인이 힘을 모아야 한다고 생각했기 때문입니다.

조코의 이런 활동이 조선총독부에 좋게 보일 리 없었습니다. 결국 1930년 조코는 치안유지법 위반으로 수업 도중에 교실에서 연행되었습니다. 이후 서대문형무소에서 2년간 징역형을 살게 됩니다. 그는 감옥에서 느낀 바를 이렇게 적었습니다.

> 조선을 위한 마음으로 이러한 운동에 참여한 것이니, 내가 하고 있는 일이 틀리지 않았다. 지금의 이 마음은 평생 변하지 않겠다.

2년 뒤 조코는 출소했지만 교사의 길은 완전히 막혀 버리고 말았어요. 그는 부산에 있는 여동생 도시코의 집에 신세를 지며 하천 공사 현장 노동, 보험 판매 등으로 생계를 해결했습니다.

일제가 패망하자 그는 귀국했습니다. 그리고 일제의 조선 식민 지배의 실태를 밝히는 글을 써서 많은 사람에게 알리고, 관련된 재판의 증인으로 참석하며 일제의 가혹한 현실을 폭로했습니다. 그렇게 '조선인의 친구'가 되고자 했던 조코는 1987년 86세의 나이로 사망했어요. 조코를 좋게 보지 않는 일본인도 많았지만 그를 인정해 주는 사람들도 있었습니다. 2011년에는 조코의 정신을 기리려는 사람들이 모여 그의 고향에 비석을 건립하기도 했어요. 비석엔 '일본과 조선의 우호에 생애를 바친 조코 요네타로'라고 적혀 있습니다.

조코 외에도 민족의 차이를 넘어 교류한 일본인 교사와 조선인 학생의 사례가 있습니다. 1941~1945년 사이 경성사범학교 교사였던 노부히코 다카하시 역시 해방 이후 일본으로 돌아갔지만 1981년 한국인 제자들의 초청으로 서울을 방문하기도 했어요. 이처럼 식민지 조선에 온 일본인들은 다양한 목적으로 조선에서 생활했으며, 이들의 조선인 혹은 일제에 대한 태도 역시 각자의 상황에 따라 천차만별이었습니다.

평범한 조선인들은 어떤 삶을 살았나요?

일제강점기를 살았던 조선인도 모두 다 같은 삶을 살지는 않았습니다. 식민 지배 협력자나 독립운동가가 아닌 사람들이 대다수였지요. 당시 조선인의 일상은 어땠는지 한번 들여다볼까요?

1915년 9월 11일부터 10월 31일까지 경복궁에서 일제가 기획한 대규모 행사가 열렸습니다. 바로 조선물산공진회라는 박람회였어요. 식민 지배 5년 동안 일제가 조선을 얼마나 '발전'시켰는지 홍보하기 위한 행사였습니다. 일제는 행사의 흥행을 위해 경복궁 상공으로 비행기를 띄우는가 하면 행사장에 파인애플, 고무신 등 당시로서는 획기적인 물건 4만 8,000여 개를 전시합니다. 또한 이 행사를 준비한다는 이유로 경복궁의 여러 건물을 헐거나 엉뚱한 곳으로 이전시키는 등 조선 역사의 흔적을 지우려 했습니다. 이렇게 준비된 행사에 조선인의 반응은 어땠을까요? 당시 행사를 관람한 한 백정은 이런 감상평을 남겼다고 해요.

> 예전에는 백정이라는 신분 때문에 궁궐 구경을 한다는 것은 꿈에도 못 꿀 일이었는데, 이런 경험을 할 수 있게 해 준 조선총독부와 천황 폐하의 은혜에 감사합니다.

이처럼 조선물산공진회는 일제의 의도대로 흥행에 성공합니다. 50여 일 동안 총 116만 6,000여 명의 관람객이 다녀갔다고 합니다. 당시 식민지 조선의 전체 인구가 약 1,700만 명 정도였

조선물산공진회의 철도국 특설관 전경. 철도국 특설관은 광화문(사진의 오른쪽)**으로 들어서면 바로 오른쪽에 자리했다. 상층부에 오벨리스크 모형탑을 설치해 일본의 선진성과 근대성을 내세우려 했다.**

으니 인구의 7.5% 정도가 관람한 셈입니다.

1930년대는 백화점의 시대였습니다. 서울 시내에 히라타, 조지아, 미나카이, 미쓰코시, 화신 등 화려한 백화점이 위용을 뽐냈습니다. 백화점은 각종 행사로 사람들을 유혹했어요. 화신 백화점의 경우 특별 경품 행사 1등에게는 20평짜리 기와집 한 채를 제공했습니다. 서울의 유명 백화점을 방문하기 위해 각 지역에서 열차를 타고 상경하는 사람들도 많았어요.

또한 서울에 거주하던 사람들이 각 지역으로 관광을 떠나기도 했습니다. 야간 직통 침대 열차를 타고 금강산에 가는 사람도 있었고, 1930년대 중반에는 현재 북한 지역인 원산 마식령에 한반도 최초의 스키장이 만들어져 스키를 즐기는 사람들도 있었습니다.

그러나 이러한 여유를 즐긴 것은 소수였습니다. 1930년대 초반, 중학교 이상의 교육을 받을 수 있었던 사람은 전체 인구의 약 2.5~3%뿐이었어요. 이들은 교육도 받고 문화생활을 누릴 수 있었죠. 반면 다수는 그렇지 못했습니다. 조선의 농촌이 피폐화되면서 몰락한 농민들이 도시로 몰려들었고, 도시에는 빈민이 속출했습니다. 토막민이라 불린 이들은 다리 밑이나 철로 및 하천 주변에 땅을 파고 그 위에 거적을 씌운 토막에서 살았어요.

일본 제국주의 정책에 힘입어 새로운 삶을 찾으려는 사람들도 있었습니다. 1931년 일제가 만주를 침략해 점령하자, 일부 사람들은 이를 기회로 여겼어요. 이들은 만주로 건너가 중하급 관리로 살기도 했으며 전문직으로 일할 기회를 얻기도 했습니다. 이렇게 만주로 건너간 사람들은 시인 최남선, 군인 박정희를 비롯해 1만 5,000여 명이었습니다.

일제강점기는 어떤 시대인가요?

일제강점기는 일제가 조선을 침략하면서 시작된 역사입니다. 그로 인한 아픔과 상처는 현재까지도 이어지고 있습니다. 그런데 앞서 독립군의 활동을 소재로 한 영화들처럼 일제강점기를 침략과 그에 대한 저항으로만 기억할 수 있을까요? 이런 시각으로는 조선인과 일본인의 협력, 조선인이 조선인을 억압하는 상황, 일제의 식민 지배에 협력한 조선인과 식민 지배 때문에 몰락한 조선인을 종합적으로 기억하기는 어려울 것입니다.

우리는 흔히 일제의 식민 지배에 저항하는 것을 당연하게 생각합니다. 그러나 일제에 저항한 사람들의 동기도 제각각이었습니다. 김창환은 1940년 자신이 졸업한 소학교(지금의 초등학교)에 들어가 칠판에 "일본 폐지, 조선 독립"이라는 낙서를 합니다. 이 사건으로 경찰 조사를 받게 되는데, 그가 낙서를 한 이유는 독립을 위한 열망이 아니었습니다. 그는 스스로를 '김 장군'이라 부르며 친구들 사이에서 대장이 되고 싶어했습니다. 그런데 친구들이 대장 자격이 없다고 비난하자 자신의 자격을 증명하고자 낙서를 했던 거예요.

김창환이 졸업한 소학교에 근무했던 역사 교사 홍순창의 사례도 흥미롭습니다. 1938년 당시 역사 교과서에는 일본이 신라를 식민 지배했고 이후 고구려, 백제도 정벌했다는 황당한 내용이 실려 있었습니다. 홍순창은 수업 시간에 위 내용이 전부 거짓이라고 설명했어요. 일제가 운영한 학교의 교사가 왜 일제의 정책과 반대되는 수업을 한 걸까요? 홍순창은 일본인 교사와 조선인 교사의 월급이 다른 것에 불만을 품고 이 같은 수업을 했다고 밝힙니다. 각종 수당을 많이 받는 일본인 교사가 부러웠고 이런 차별이 일제의 왜곡된 역사 교육에 대한 반발로 나타난 것이지요. 홍순창은 독립 이후에도 자신이 일제에 저항했다거나 독립운동을 했다고는 생각하지 않았다고 했습니다.

물론 이들이 자신의 자존감을 회복하기 위해서, 또는 경제적 차별을 받고 싶지 않아서 한 행동이라 해도 이들의 행동은 일제에 대한 저항이었습니다. 그러나 조코 요네타로나 소선물산공진회에 참여한 백정 등 여러 사례를 살펴볼 때, 일제강점기를 사악한 일본인의 침략과 정의로운 독립운동의 대결로만 파악할 수 있을까요? 우리는 일제강점기를 어떻게 정의할 수 있을까요? 또한 일제강점기는 우리에게 어떤 교훈을 줄 수 있을까요?

너의 생각을 들려줘

일제강점기는 권력이 사람을 점령한 시대 같다. 학교 칠판에 낙서를 했다는 이유로 경찰이 체포한 것을 보면 권력에 조금이라도 반발하는 사람들을 철저하게 감시하고 탄압했다는 것을 알 수 있다. 일본인 중에도 사회적 약자들은 조선에 취업하러 오기도 했고 조선인 중 권력에 가까운 사람은 부를 쌓고 백화점, 스키장 같은 문화생활을 누리며 지냈다. 조선인인지 일본인인지가 중요한 것이 아니라 권력과 가까운지 아닌지가 중요했던 것 같다. 권력이 사람을 지배해선 안 되며 사람이 권력을 올바르게 사용해야 한다는 것이 일제강점기의 교훈이라고 생각한다.

일제강점기는 정의가 흔들린 시대다. 일본군 '위안부' 할머니들을 일본에 넘긴 사람 중에는 조선인도 많았다는 이야기를 들었다. 그만큼 식민 지배 협력자들이 자신의 이익을 위해 힘없는 사람들을 지옥으로 보내는 데 아무런 양심의 가책이 없었다는 걸 보여 준다. 그리고 조코 요네타로는 일본인인데도 조선을 도왔다는 이유로 감옥에 갔다. 이런 걸 보면 일제강점기는 일본인을 위한 시대도 아니었던 것 같다. 우리가 일제강점기에서 배울 수 있는 교훈은 일본에 대한 적대심을 키우는 게 아니라 정의를 흔드는 위험한 가치관에 대한 적대심을 가져야 한다는 것 같다.

일제강점기는 모순의 시대라고 생각한다. 흔히 일제강점기를 일본인이 한국인을 점령한 시대라고 생각한다. 그러나 독립운동을 하는 사람이 있는가 하면, 자신의 출세를 위해 일제를 도와 권력을 누리며 살아간 사람도 있고, 일본인인데도 불구하고 식민지 조선인을 도왔던 사람도 있다. 또 일본군 '위안부'처럼 조선인을 성의 도구처럼 생각한 사람도 있다. 상반되는 일들이 많아서 모순적으로 느껴진다. 이를 통해 일본인을 무조건 나쁘게만 봐서는 안 된다는 교훈을 얻을 수 있는 것 같다. 나쁜 것은 일본이라는 국적이 아니라 시대를 이용해서 이익을 보려고 했던 사람들의 이기심인 것 같다.

8장

1945년 8월 15일, 한반도 사람들은 해방되었나요?

●

1945년 8월 6일, 미국은 전쟁을 빨리 끝내기 위해 일본의 히로시마에 원자폭탄을 투하합니다. 8월 9일, 소련도 미국과 같은 편이 되어 150만이 넘는 군대를 파견해 일제가 차지하고 있던 만주를 공격했어요. 곧이어 나가사키에 두 번째 원자폭탄이 투하됩니다. 8월 15일, 일본은 두 강대국의 공격을 버티지 못하고 연합국⁝ 에 항복합니다. 조선인들이 35년 동안 바라던 해방의 순간이 찾아온 것입니다.

그러나 기쁨은 이내 당혹감으로 바뀌었어요. 일본의 영토와 식민지를 연합국이 점령하면서 한반도 역시 연합국의 영향 아래 놓이게 된 것입니다. 북위 38도선을 기준으로 남쪽은 미국 군대가, 북쪽은 소련 군대가 점령하게 됩니다. 이후 독립운동가들은 국가의 주권을 회복하기 위해 노력합니다.

⁝ 제2차 세계대전 당시 독일, 일본, 이탈리아와 대적했던 나라들. 미국, 영국, 프랑스 등이 있다.

1945년 8월 15일은 어떤 의미였을까요?

우리에게 1945년 8월 15일은 일제 식민 지배로부터의 해방을 의미합니다. 그런데 많은 나라가 그날을 서로 다르게 기억한다는 사실을 알고 있나요? 중국은 일본과의 전쟁에서 승리한 날로 기념합니다. 일제의 식민지였던 다른 국가들은 어떨까요? 일제는 패망 직전까지 중국 동해안과 동남아시아의 대부분을 차지하고 있었습니다. 한반도와 만주, 중국 동해안을 비롯해 타이완, 필리핀, 인도네시아와 베트남, 말레이시아, 라오스, 캄보디아, 버마(지금의 미얀마) 등이 일제의 영토였어요.

일제가 패망했지만 이 지역의 운명은 크게 달라지지 않았습니다. 해당 지역을 일본이 차지하기 전의 상태로 되돌려 놓는다는 명분으로 연합국이 점령했기 때문입니다. 타이완은 중국에 반환되었지만 필리핀은 다시 미국이 지배하게 되었어요. 프랑스는 베트남과 라오스와 캄보디아를, 영국은 말레이시아와 버마를, 네덜란드는 인도네시아를 다시 점령합니다. 이 지역의 사람들에게 1945년 8월 15일은 일제로부터의 해방이긴 했으나 이전의 지배자들이 돌아온, 또 다른 식민 지배의 시작이었어요.

이 국가들은 독립을 위해 또다시 노력해야 했어요. 버마는 1948년, 말레이시아는 1957년에 영국으로부터 독립합니다. 독립을 위해 또 전쟁을 치러야 하는 나라도 있었습니다. 인도네시아는 네덜란드와 독립전쟁을 거쳐 1949년에 독립합니다. 베트남, 라오스. 캄보디아는 1954년이 되어서야 프랑스군을 물리치며 독립했지요. 이처럼 1945년 8월 15일을 희망의 시작으로 느끼지 못한 나라도 많았습니다.

제2차 세계대전의 종전 이후 세계에 평화가 찾아왔을까요?

일제의 패망으로 제2차 세계대전은 종결되었습니다. 독일, 이탈리아, 일본의 식민지들이 새롭게 독립국이 되었어요. 그중 많은 국가가 사회주의(공산주의) 경제체제를 받아들입니다. 사회주의 체제에서는 국가 주도로 경제를 계획하고 관리하기 때문에 초기 성장 속도가 빠르기 때문입니다. 또 최초의 사회주의 국가인 소련에서 사회주의 국가들을 지원해 주기도 했어요. 그렇기에 신생 독립국에 사회주의는 매력적인 선택지였습니다.

그러나 자본주의 국가는 이 현상을 매우 위험하게 여겼습니다. 사회주의 국가는 재화의 생산과 분배를 국가의 계획에 의해 관리하고 운영하기 때문에 자본주의 국가들과 무역을 하지 않습니다. 따라서 미국과 같은 자본주의 국가 입장에서는 사회주의 국가가 많아질수록 상품을 팔아 이익을 챙길 시장이 사라지는 것이었어요.

자본주의 국가 중 가장 강대국인 미국은 사회주의 국가의 팽창을 막는 한편, 자본주의를 택한 국가에는 막대한 경제적·군사적 지원을 해 주었습니다. 미국 국무부 장관 조지 마셜의 제안으로 유럽의 국가들에 약 130억 달러를 전폭적으로 지원한 것⁝⁝도 그런 흐름 속에서 진행된 것입니다.

미국과 소련을 중심으로 한 사회주의 진영과 자본주의 진영의 대립은 지속되었습니다. 두 나라는 자기 진영의 국가들을 결

⁝ 공산주의는 재산 및 생산수단의 공동 소유를 통해 자본주의의 문제인 계급과 빈부격차를 없애고자 하는 사상이다. 사회주의 또한 생산수단의 사회적 소유를 기초로 하는 경제체제로, 최초의 사회주의 국가 지도자였던 레닌은 사회주의를 자본주의 사회에서 공산주의 사회로 나아가는 과정에서 거쳐야 하는 단계로 보았다. 여기서는 두 용어를 엄밀히 구분하지 않고 '사회주의'를 사용하겠다.

⁝⁝ 이러한 미국의 유럽 원조 정책을 '마셜플랜(마셜 계획)'이라고 한다.

속해 군사동맹을 맺기에 이릅니다. 미국과 서유럽 자본주의 국가들은 북대서양조약을 통해 북대서양조약기구(NATO)를 창설했고, 소련은 동유럽 사회주의 국가들을 모아 바르샤바조약기구(WTO)라는 군사 동맹 기구를 창설했습니다.

이러한 미국과 소련의 경쟁은 직접 싸우는 전쟁은 아니었지만 끊임없는 견제와 대립, 군사적 긴장이 유지되었어요. 이를 '차가운 전쟁'이라는 뜻에서 '냉전'이라고 부릅니다. 냉전은 유럽뿐 아니라 전 세계로 확대되었다가 1991년 소련이 해체되기 전까지 이어졌습니다. 냉전으로 언제, 어느 나라에서든 군사 충돌이 일어날 가능성이 있었어요. 두 차례의 세계대전은 끝났지만 진정한 평화는 찾아오지 못한 것이죠.

일제는 8월 15일을 어떻게 생각했을까요?

1945년 8월 15일 아침, 조선총독부의 정무총감 엔도 류사쿠는 독립운동가 여운형을 총독부로 부릅니다. 곧 일본 천황이 항복을 선언할 것을 알고 있었기에 여운형에게 조선 내 일본인들의 안전을 부탁하기 위해서였어요. 여운형은 감옥에 갇혀 있는 조선인 사상범과 정치범 즉각 석방 등을 조건으로 엔도의 부탁을 받아들입니다.

여운형이 이처럼 총독부와 협상할 수 있었던 이유는 그가 조선인들에게 존경받는 독립운동가였기 때문입니다. 주로 좌익⇣ 독립운동가들과 활동했지만 우익⇣⇣ 독립운동가들과도 친밀하게 지냈습니다. 여운형은 누구와도 대화를 나눌 수 있는, 포용력을 지닌 인물이었어요. 해방 직후 선구회라는 단체에서 실시한 여론조사에서 여운형은 '가장 역량이 뛰어나고 양심적인 정치가'로 1위(33%)를 차지할 정도였지요.⇣⇣⇣ '생존 인물 중 최고의 혁명가' 조사에서도 1위였으니 대중적으로 가장 널리 알려지고 지지를 받은 독립운동가였다고 할 수 있습니다.

여운형은 곧이어 '조선건국준비위원회(이하 건준)'를 조직합니다. 해방과 함께 새로운 국가 건설을 위한 준비가 시작된 것입니다. 대중도 건준을 지지했어요. 8월 말에는 건준의 지부가 전국적으로 145개나 되었습니다. 이렇게 건준은 전국 각 지역의 경찰서, 행정기관을 접수하고 권력을 잡아 나갔습니다.

그러나 사태는 급격히 변화합니다. 미국과 소련이 38도선을 기준으로 남쪽과 북쪽을 나눠 점령하기로 한 사실을 총독부 관

⇣ 사회 구성원의 평등을 중요시하고 사회주의를 선호하는 세력.

⇣⇣ 개인의 자유를 중요시하고 시장경제와 자본주의를 선호하는 세력.

⇣⇣⇣ 2위는 이승만(21%), 3위는 김구(18%)였다.

1945년 8월 16일 조선건국준비위원회 발족식(서울 YMCA)**에서 연설하는 여운형**

리들이 알게 된 것입니다. 결국 이들은 태세를 바꿔 군대를 동원합니다. 일본군 3,000명을 동원해 건준이 장악한 서울의 공공기관을 공격했어요. 일본 천황은 항복을 선언했지만 총독부는 권력을 놓지 않으려 했던 것입니다. 총독부의 다음 행보는 미군에 '가짜 뉴스'를 퍼트리는 것이었어요. 한반도에 대한 정보가 부족했던 미군이 일본의 말을 믿게 해 상황을 유리하게 이끌어

가려는 의도였습니다. 총독부는 주한미군 사령관 존 하지에게 이런 편지를 보냅니다.

> 조선인 대부분은 사회주의자이며 해방 이후 살인, 약탈, 방화 등 폭동을 일으켜 사회질서가 완전히 무너진 상태입니다. 한반도의 질서를 유지하기 위해서는 조선총독부의 군인과 경찰을 활용하길 바랍니다. 그것이 한반도 내의 불안감과 조선인의 폭동을 막는 최선의 길입니다.

사회주의자들을 가장 경계하던 미군에 이 가짜 뉴스 작전은 치명적이었어요. 미군은 이후 조선인을 적으로, 총독부 관리들을 동반자로 인식하게 됩니다. 1945년 9월 8일, 인천항으로 들어온 미군은 일본군의 호위를 받으며 서울로 향합니다. 총독부 건물에 35년 동안 걸려 있던 일본 국기가 내려가고 미국 국기가 게양됩니다. 미국에 의한 군정(군대에 의한 임시 행정)이 시작되는 순간이었습니다.

미군정은 한반도에 어떤 영향을 끼쳤을까요?

해방 이후 한반도에는 다양한 문제 상황이 발생했습니다. 첫 번째는 대규모 인구이동이었어요. 강제징용을 포함해 일제강점기

국외로 이주한 사람이 800만 명이었는데 그중 250만 명이 귀국했어요. 귀환하는 동포들이 있었던 반면, 약 80만 명의 일본인이 본국으로 돌아갔어요. 이들이 급하게 재산을 처분하면서 물가가 요동치기도 했습니다.

미군정은 이러한 인구이동을 전혀 예상하지 못했습니다. 인구가 늘자 돈 많은 사람들은 식량을 확보하기 위해 쌀을 마구잡이로 사들였습니다. 이는 심각한 식량 부족 사태로 이어졌어요. 또한 일본인의 자금으로 운영되던 일자리도 사라졌습니다. 실업자가 급증하며 경제적 혼란이 가속되었지만 미군정은 이 혼란을 수습하지 못했습니다.

두 번째는 식민 지배 협력자(친일파) 문제였습니다. 미군정은 각지의 인민위원회⇣를 해체하고 직접 통치 체제를 구축해 나갔습니다. 그러나 미군정은 이 과정에서 총독부의 식민지 통치 기구와 친일 관리 및 친일 경찰을 그대로 활용합니다. 식민 지배에 협력했던 사람들이 해방 이후에도 관리와 경찰로 일하는 모습을 보며 당시 사람들은 어떤 생각을 했을까요?

그러던 중 1945년 12월, 모스크바에서 한반도의 운명을 결

⇣ 1945년 9월 6일 건준이 '조선인민공화국' 수립을 선포하면서 각지의 건준 지부들도 '인민위원회'로 전환되었다. 미군정은 인민위원회를 좌익 계열로 인지하고 견제했다.

정하게 될 중요한 회의가 개최됩니다. 미국, 영국, 소련의 외무 장관이 모여 제2차 세계대전 이후의 세계 문제를 어떻게 처리할 것인지 논의하는 자리였어요. 이 회의에서 결정된 한반도 관련 핵심 내용은 "한국을 독립 국가로 재건하기 위해 민주적인 임시정부를 수립하고, 한국 임시정부는 미국, 소련, 영국, 중국 4개국이 주도하는 신탁통치⇣ 협정을 체결한다"라는 것이었습니다.

이 소식이 국내에 보도되자 사람들은 크게 놀랐어요. 신탁통치는 한반도에 대한 '제2의 식민 지배'로 여겨졌기 때문입니다. 《동아일보》는 모스크바 3상회의의 결정이 공식적으로 발표되기도 전인 1945년 12월 27일에 이렇게 보도했습니다.

소련은 신탁통치 주장, 소련의 구실은 38선 분할 점령, 미국은 즉시 독립 주장

이 보도가 나간 이후 모스크바 3상회의와 소련에 대한 반감은 걷잡을 수 없이 커져 갔습니다. 소련을 지지하던 좌익 세력의 입지도 약해졌어요. 반면 김구를 비롯한 우익은 대규모 반

⇣ 유엔의 위임을 받은 나라가 특정 지역을 통치하는 것.

탁운동(신탁통치 반대 운동)을 지휘하며 세력을 확장하게 됩니다.

그런데 《동아일보》의 이 보도는 완전히 잘못된 것이었어요. 기사와 달리 신탁통치를 제안한 것은 미국이었습니다. 그러나 미군정은 이 사태를 방관했어요. 남한 지역을 중심으로 사람들이 사회주의와 소련에 대해 거부감을 키워 가고 있으니 이 왜곡 보도를 해명할 필요성을 느끼지 않았던 것입니다.

좌익과 우익의 대립, 그게 최선이었을까요?

해방 직후 좌익은 대중으로부터 열렬한 지지를 받는 정치세력이었습니다. 사회주의 계열에는 친일파로 변절하지 않고 끝까지 투쟁한 독립운동가가 많았기 때문입니다. 또한 이들이 강력하게 주장한 토지개혁과 친일파 청산은 대다수 국민의 바람이기도 했어요. 그런데 《동아일보》의 왜곡 보도는 좌익의 이미지를 완전히 바꿔 놓습니다. 이제 좌익은 소련을 지지하고 신탁통치를 주장하는 매국노로 인식되었습니다. 그러나 좌익은 매국노라는 비난을 받으면서도 모스크바 3상회의의 결정을 이행하는 데 협조합니다. 우선 통일된 임시정부를 수립하고 신탁통치는 그때 거부하면 된다는 판단이었습니다.

이러한 흐름은 친일파 세력에겐 절호의 기회였습니다. 이들은 우익이 주도하는 반탁운동에 적극적으로 참여하며 신탁통치를 반대하는 자신들이야말로 진정한 애국자라고 포장했어요. 식민지 조선에서 행정직, 경찰직을 지낸 이들을 그대로 활용하기를 원했던 미군정은 친일파 청산 작업을 계속 미루며 은근히 이들을 지원했습니다. 신탁통치를 둘러싼 좌익과 우익의 대립은 심화되어 갔습니다.

결국 좌익과 우익은 유혈 충돌까지 하게 됩니다. 1947년 3월 1일, 해방 후 두 번째로 맞는 3·1절 기념행사를 좌익은 남산에서, 우익은 서울운동장(지금의 동대문역사문화공원)에서 따로 개최합니다. 3·1운동을 기념하는 날이었지만 민족이 둘로 나뉜 모습이 그대로 나타난 것입니다. 이들은 행사가 끝나고 행진을 하며 남대문 근처에서 마주쳤는데, 각목을 휘두르고 돌팔매를 던지며 충돌했어요. 결국 경찰이 총을 쏘며 진압했고 사상자까지 발생했습니다. 이념의 차이로 발생한 충돌 사태, 일제강점기 35년 동안 꿈꿔 온 독립된 조국의 모습은 아니었을 겁니다.

좌우의 갈등을 해결하려는 노력은 없었나요?

미국과 소련의 갈등, 국내의 좌익과 우익의 대립이 이어지면서 한반도가 결국 남과 북으로 분단될 것이라는 위기의식을 느끼는 사람이 많았습니다. 3·1운동 때부터 힘을 합쳐 온 여운형과 김규식은 '좌우합작위원회'를 만들어 통일된 정부를 수립하기 위해 노력합니다. 하지만 이들은 좌익과 우익 모두에게서 공격을 받았어요. 극단적 대립 속에서 '중도'를 지키는 것은 그만큼 어려운 일이었습니다. 이러한 공격에 대해 여운형은 다음과 같이 자신의 의견을 밝힙니다.

> "파도가 몰아쳐 배가 요동치는데 나침반이 한 곳만 향한다면 그것은 고장난 것이다. 나는 좌우 합작의 노선을 일관되게 고수하기 위해 쉴 새 없이 움직이고 있는 것이다."

이렇듯 여러 세력의 공격에도 흔들리지 않고 1년간 좌우합작 운동을 해 나가던 여운형은 1947년 7월 19일 극단적인 우익 사상을 가진 청년에게 암살당합니다. 여운형의 죽음으로 구심점을 잃은 좌우합작위원회는 결국 해체되었어요.

이후 미국은 한국 문제를 유엔에 넘겨 해결하려 했고 유엔은 남북한 인구 비례에 따른 총선거를 실시해 정부를 수립하도록 결정합니다. 하지만 소련은 이 결정에 반대했어요. 북한 지역은 인구가 적었기에 미국에 유리한 정부가 수립될 것이라고 생각했기 때문입니다. 소련의 반대로 선거가 남한 지역에서만 치러질 기미가 보이자 1948년 2월 10일, 김구는 〈삼천만 동포에 읍고함〉이라는 성명을 발표합니다.

> 한국이 있어야 한국 사람이 있고 한국 사람이 있고야 민주주의도 공산주의도 또 무슨 단체도 있을 수 있습니다. … 나의 단일한 염원은 삼천만 동포와 손을 잡고 통일된 조국 독립의 달성을 위하여 공동 분투하는 것뿐입니다. … 내 나이 73, 통일된 조국을 건설하려다 38선을 베고 쓰러질지언정 일신의 안위를 위해 단독정부를 세우는 데는 협력하지 않겠습니다.

김구는 이대로 38도선 이남에서만 선거를 치른다면 남북 분단은 기정사실이 된다는 점을 간파한 것입니다. 김구와 김규식은 북한 지역의 지도자와 협상을 통해 분단을 막으려 합니다. 1948년 4월, 이들은 38도선을 넘어 평양으로 향합니다. 북측 대표 김일성, 김두봉과 회담을 진행하지만 북한 지역에서도 이미 단독정부 수립을 준비하고 있었기에 성과 없이 돌아오게 됩니다. 이렇듯 좌우합작운동과 남북 협상은 실패했지만, 이러한 움직임이 없었다면 당시 한국인들이 분단보다 통일을 원했음을 증명할 방법이 있을까요?

8월 15일은 빛을 되찾은 것이었을까요?

결국 1948년 5월 10일 남한에서 총선거가 실시됩니다. 재산, 성별, 교육 수준에 따라 선거권을 제한하지 않고 전면적 보통·평등 선거제를 채택했어요. 이는 세계사적으로 드문 일이었습니다. 민주주의 선거제도를 택한 서양의 여러 나라는 초기에 재산과 성별에 따라 선거권을 제한했습니다. 프랑스는 1791년 세금을 내는, 즉 재산이 있는 시민에게만 선거권을 주었고 여성은 1945년에야 투표권을 갖게 됩니다. 스위스가 불과 50년 전인 1971년에 여성의 투표권을 인정했다는 사실을 생각해 보면 당시 남한의 선거는 파격적이라고 할 수 있습니다.

투표율은 95.5%로 대한민국 선거 역사상 최고치를 기록했어요. '내 손으로 하는 첫 번째 선거'에 대한 국민의 관심이 얼마나 높았는지 알 수 있습니다. 다만 선거에 임하는 국민들이 국가의 정치체제를 결정할 권리는 주어지지 않았습니다. 선거 결과 1948년 8월 15일 남한에 대한민국 정부가 수립되었고, 곧이어 9월 9일 북한에 조선민주주의인민공화국 정부가 수립됩니다. 한반도에 두 개의 정부가 탄생한 것입니다.

분단은 국토뿐 아니라 이념까지도 나뉨을 의미했어요. 이제 남한에는 자본주의와 자유민주주의 이념만이, 북한에는 사회주의와 공산주의 이념만이 유일한 정치 이념으로 허용되었습니다. 당시 한국인에게 8월 15일은 어떤 의미로 다가왔을까요?

너의 생각을 들려줘

당시 사람들에게 8월 15일은 빛을 되찾았다는 의미가 컸을 것 같다. 물론 남과 북이 서로 다른 정부를 세우는 일은 상상하지 못했던 데다 완전한 회복도 아니다. 그래도 35년이라는 기나긴 일제의 지배에서 벗어날 수 있었고 그간의 독립운동이 결실을 맺은 것이기에 암흑 속에서 빛이 보이는 정도로는 회복이 된 것 같다.

또 다른 어둠의 시작이라 생각된다. 미국과 소련의 개입으로 한반도가 분단 위기에 처하게 되었기 때문이다. 독립운동가들이 바랐던 독립 후의 세상은 이렇게 분단된 나라가 아니었을 것이다. 그리고 어쩌면 이는 더 큰 비극이었는지도 모른다. 38도선을 기준으로 분단되면서 이산가족이 생겨나고 한국전쟁으로 동족 간에 총을 겨눠야 하는 날이 왔으니 이보다 더 참혹한 일은 없는 것 같다.

다른 빛을 기다리는 또 다른 어둠이 아니었을까? 일제로부터 독립했다는 것은 역사적으로 그 당시 사람들에게도, 오늘날 우리에게도 희소식이었다. 하지만 그 뒤로 독립운동가들이 서로 대립하고 강대국이 한반도를 통치하겠다고 하는 일이 일어나 지금까지도 남과 북은 분단된 상태다. 광복은 긍정적 사건이기보다는 연속된 갈등의 시작처럼 보인다. 그래서 또 다른 어둠의 시작이라고 생각되기도 한다. 해 뜨기 전 새벽이 가장 어둡다는 말이 있다. 지금 대한민국은 광복 무렵보다 더 발전한 것처럼 통일이라는 또 다른 빛을 회복하는 길로 가고 있는 건 아닐까?

9장

한국전쟁에서 기억해야 할 것은 무엇일까요?

●

1948년 한반도에는 두 개의 정부가 수립되었습니다. 냉전의 흐름 속에 38도선 이남은 자본주의 정부, 38도선 이북엔 사회주의 정부가 들어선 것이죠. 두 정부는 수립 직후부터 서로를 비난하고 적대시하는 분위기를 조성했습니다. 1949년 38도선 부근에서는 크고 작은 전투가 여러 차례 발생했습니다. 결국 1950년 6월 25일, 소련의 지원을 받은 북한이 남한을 기습적으로 공격합니다. 한국 현대사에서 가장 큰 비극으로 평가받는 한국전쟁의 시작이었습니다. 약 70년 전에 일어난 한국전쟁은 현재까지도 큰 영향을 미치고 있습니다.

피카소는 한국전쟁에서 무엇을 주목했을까요?

서울 용산구에는 전쟁기념관이 있습니다. 이 기념관에서는 한국전쟁을 주요하게 다루고 있습니다. 한국전쟁에서 잊지 말아야 할 것이 많기 때문일 겁니다. 그런데 전쟁기념관은 한국전쟁의 어떤 점을 기념하고 있을까요?

전쟁기념관에서 가장 큰 규모를 자랑하는 6·25전쟁실은 우리 사회가 한국전쟁을 어떻게 기억하는지 단적으로 보여 줍니다. 전시관에는 당시 사용되었던 전투기와 전차의 모형이 전시되어 있습니다. 또한 전시관 구석에는 이승만과 김일성이 사용했던 차량의 모형도 전시해 놓았어요. 이처럼 흔히 전쟁 하면 군인과 군인들의 전투, 전투에 사용된 장비, 전쟁 당시의 지도자를 떠올립니다.

그런데 한국전쟁 때 국가에 의해 운영되는 군대가 자신들이 지켜야 할 민간인을 학살했다는 사실을 알고 있나요? 전쟁의 비극은 군인뿐 아니라 수많은 민간인 피해가 발생한다는 것입니다. 이를 기억하려 했던 사람이 있는데요, 바로 세계적인 화가 파블로 피카소입니다.

피카소는 한국전쟁 당시 벌어졌던 민간인 학살 소식을 전해 듣고 〈한국에서의 학살〉(1951)이라는 작품을 남겼어요. 이 작품은 강철로 된 갑옷을 입은 군인들이 힘없는 여성들과 어린아이들에게 총칼을 겨누는 모습이 묘사되어 있습니다. 피카소는 전쟁의 참상을 작품에 담아 전쟁을 반대하는 메시지를 전달하려 했습니다. 과연 우리가 전쟁에서 기억해야 할 것은 무엇일지 함께 생각해 봅시다.

한국전쟁은 어떻게 전개되었나요?

한반도에 두 개의 정부가 수립되며 미국군과 소련군은 철수했습니다. 그때까지만 해도 분단 상태가 70년 넘게 지속되리라고는 누구도 상상하지 못했고, 어느 쪽이든 곧 하나의 정부로 통일될 것이라고 생각했습니다. 남과 북은 서로 자신의 정부가 정통성을 갖고 있으며 상대는 불법 정부라고 주장하며 대립했어요.

대립은 점점 격렬해졌습니다. 남한의 이승만 정부는 북한을 공격해 통일하겠다는 '북진통일' 정책을 내세웠습니다. 당시 국방부 장관이었던 신성모는 "국군은 대통령의 명령을 기다리고 있으며, 명령만 있으면 점심은 평양에서 먹고 저녁은 신의주에서 먹을 수 있다"라고 호언장담하기도 했어요. 북한 역시 마찬가지였습니다. 김일성은 남한도 공산주의 체제로 만들어야 한다며 '국토완정'*을 강조했어요.

김일성은 적극적으로 전쟁을 준비합니다. 이를 위해 그는 모스크바로 가서 소련의 지도자 스탈린을 만나 설득했고 스탈린은 북한에 전쟁 물자를 지원하기로 약속합니다. 1950년 6월, 북한에는 소련이 지원한 전차 242대와 전투기 226대가 있었어요. 당시 남한에는 전차가 한 대도 없었으니 전력의 차이는 엄청났습니다. 이런 상황에서 1950년 6월 25일, 인민군의 전면적 공격으로 한국전쟁은 시작됩니다.

만반의 준비를 마친 인민군은 무서운 기세로 공격해 왔습니다. 인민군은 전쟁 시작 3일 만에 서울을 점령하고 계속 남쪽으로 진격했습니다. 대전으로 피란 갔던 이승만 대통령과 정부는 대구를 거쳐 부산에 임시 수도를 마련하고 미국에 도움을 요청합니다. 미국은 신속하게 군대를 파견합니다. 또한 유엔은 북한

* 국토를 사회주의 체제로 완전히 정돈하겠다는 뜻.

을 침략자로 규정하고 유엔군⇣을 창설해 남한을 지원하기로 결정합니다. 국군과 유엔군은 낙동강 주변에서 방어선을 구축해 인민군을 막아 냈어요. 그리고 9월 15일, 유엔군 총사령관 맥아더의 지휘로 인천상륙작전을 전개해 전세를 역전시킵니다. 서울을 빼앗긴 지 3개월 만에 전쟁 이전의 국토를 회복했지요.

이후 국군과 유엔군은 북한 전체를 점령하기 위해 38도선 이북으로 공격을 이어 나갔어요. 하지만 북한이 무너지면 자신들이 위협받는다고 판단한 중국이 참전하면서 국군과 유엔군은 다시 후퇴합니다. 이후 전쟁 상황은 큰 변화 없이 지속됐어요. 전쟁이 시작된 지 약 10개월 무렵의 일입니다.

1951년부터 양측 군대는 휴전 협상에 들어갔습니다. 휴전 협상은 2년간 지속되었고, 1953년 7월 27일, 유엔군과 인민군·중국군 사이에 정전 협정이 체결되면서 전쟁은 '일시적으로 중지'되었습니다.

⇣ 유엔 회원국의 군 병력으로 편성한 군대. 한국전쟁 때 처음으로 출병했다. 당시 미국, 캐나다, 프랑스, 네덜란드, 콜롬비아, 에티오피아, 터키, 필리핀 등 16개국 군대로 구성되었다.

지도자들의 판단은 어떤 결과를 낳았나요?

한국전쟁으로 인한 사상자와 실종자는 남한과 북한을 합쳐서 약 400만 명으로, 전체 인구의 7분의 1에 달했습니다. 전쟁을 하지 않거나 전쟁의 피해를 줄일 수 있었던 기회는 정말 없었던 걸까요? 전쟁의 주요 장면 속에서 지도자들이 내린 판단은 어떤 결과로 이어졌는지 살펴봅시다.

스탈린은 김일성이 전쟁을 일으켜선 안 된다고 생각했습니다. 미국의 개입을 염려했기 때문입니다. 그러나 김일성은 중국을 예로 들며 스탈린을 설득합니다. 1949년 10월 중국에서 자본주의 세력과 공산주의 세력 간의 내전이 발생해 공산주의가 승리한 사건이 있었어요. 중국 전체를 공산주의 세력이 차지했는데도 미국이 개입하지 않았으니 작은 한반도에서 벌어지는 전쟁도 마찬가지일 거라는 주장이었죠. 그러나 전쟁이 시작되자 미국은 일본에 주둔해 있던 미군을 곧바로 남한에 보냅니다. 스탈린과 김일성의 예측이 완전히 어긋난 것이죠.

이승만의 판단 역시 사람들의 희생을 초래했습니다. 전쟁 발발 3일째였던 6월 27일 새벽, 국회는 위험한 상황이지만 그래도 수도 서울을 지키겠다는 결정을 내립니다. 국회의원들은 이 결정을 보고하기 위해 대통령을 찾아갔으나 대통령은 자리에 없었어요. 이승만과 신성모 등 정부의 고위 관료들은 이미 피란을 떠나 6월 27일 대전에 머무르고 있었기 때문입니다.

게다가 국방부는 국군이 의정부에서 인민군을 물리쳤고 서울을 지킬 것이라는 특별방송을 했어요. 물론 이 방송의 내용은 거짓이었습니다. 의정부에서 국군은 패배했으며 인민군이 서울 코앞까지 온 상황이었습니다. 결국 6월 28일 인민군이 서울을 점령하게 됩니다. 방송을 믿고 안심하던 사람들은 그제야 남쪽으로 피란을 떠나려 했지만 국군에 의해 한강 다리가 끊어진 상황이라 갈 수 없었습니다. 어쩔 수 없이 남겨진 사람들은 인민군의 지배를 받게 되었지요.

3개월 후 인천상륙작전으로 유엔군이 서울을 회복했으나 시민들의 고난은 여전했습니다. 그들은 서울을 점령한 인민군에게 협력했다는 혐의로 대한민국 군대와 검찰, 경찰의 합동 조사를 받아야 했어요. 한 달 남짓 되는 기간에 총 55만 5,915명이 검거되었습니다. 그중 867명이 사형당했고 나머지는 감옥에 갇혔어요. 국방부의 방송을 믿고 피신하지 못했던 사람들을 국가가 처벌하는 모습을 보며 사람들은 어떤 생각을 했을까요?

유엔군 총사령관 맥아더의 판단은 합리적이었을까요? 유엔군은 인천상륙작전으로 남한 땅에서 인민군을 몰아내는 데 성공했지만 사실 유엔군의 역할은 거기까지였어요. 유엔이 결정

끊어진 대동강 철교를 건너는 피란민들. 1950년 12월, 유엔군은 중국군의 남하를 지연시키기 위해 이 철교를 파괴했다. 한국전쟁 중 한강, 낙동강 등지의 대교가 파괴됐고 이로 인한 민간인 피해도 적지 않았다.

한 것은 침략자 북한을 막아 내는 것이었기 때문입니다. 미국 대통령 트루먼은 유엔군이 38도선 이북으로 올라갔을 때 중국이 개입할까 봐 걱정했어요. 그러나 맥아더는 중국이 참전하더라도 쉽게 이길 수 있으며 자신이 지휘하는 유엔군은 한두 달 안에 북한 전체를 점령할 수 있다고 장담했습니다. 결국 맥아더는 유엔군을 북진시켰고 열흘 만에 중국이 참전했습니다. 이후 전쟁은 더욱 치열해졌고 휴전 협상 중에도 전투는 계속되었습니다. 38도선 인근에서는 서로 조금의 땅이라도 더 차지하려고 끔찍한 전투가 이어졌어요. 전쟁의 앞선 1년보다 휴전 협상을 하던 2년 동안의 인명 피해가 더 컸습니다.

이처럼 김일성, 스탈린, 이승만에 이어 맥아더까지 한국전쟁에서 중요한 위치에 있었던 이들 모두 전쟁의 피해를 키우는 판단과 선택을 했던 것입니다. 그 피해는 이에 대한 결정권을 갖지 못한 일개 병사들과 민간인의 몫으로 돌아갔어요.

전쟁 중에 벌어진 민간인 학살은 왜 잊혔을까요?

한국전쟁으로 인한 인명 피해는 군인 약 160만 명, 민간인 약 250만 명으로 추정됩니다. 군인보다 더 많은 민간인이 피해를 입은 건데요, 전투에 휩쓸린 경우도 있지만 군인들이 조직적으로 민간인을 학살하기도 했습니다. 한국전쟁에서 민간인 학살이 빈번히 발생했지만 여러 전투나 작전에 비해 중요하지 않은 사건으로 취급받아 왔습니다.

대표적인 민간인 학살은 보도연맹 사건입니다. 보도연맹은 1949년 4월 한국 정부에서 만든 단체입니다. 보도(保導)는 보호하고 지도한다는 뜻으로, 좌익 활동을 했던 사람들을 이 단체에 가입시켜 관리하는 것이 목적이었어요. 정부에서는 많은 사람이 보도연맹에 가입하길 원했어요. 좌익에서 전향⁝한 사람들이 많을수록 한국이 북한보다 뛰어나다는 것을 보여 줄 수 있었으니까요. 그래서 좌익 사상과 무관한 사람들까지도 강제로 가입시키는 일이 많았습니다.

이를 위해 한국 정부는 경찰서마다 가입 인원을 할당했고, 할당된 인원을 채우기 위해 경찰은 온갖 방법을 동원했습니다. 각 지역의 농민, 어민, 청년, 부녀자 단체가 있으면 단체별로 가입을 권유했고 응하지 않으면 단체 명단을 압수해 보도연맹에 강제로 가입시켰어요. 압수하는 과정에서 집단 폭행이 일어났습니다. 또 가입하면 식량을 배급한다는 감언이설로 사람들을 유

⁝ 종래의 사상이나 이념을 바꾸어 그와 배치되는 사상이나 이념으로 돌아서는 것을 말한다.

혹해 가입시키는 경우도 많았어요. 그 결과 전쟁 직전 보도연맹원은 30만 명에 이르렀습니다.

그리고 전쟁이 시작되자 보도연맹 가입 명단은 그야말로 죽음의 명단으로 변합니다. 군인과 경찰은 보도연맹원들을 집단 학살을 했어요. 좌익 활동을 했던 사람들이기에 인민군 편이 될 수 있다는 이유였습니다. 무고한 민간인이 보도연맹 명부에 이름이 올랐다는 이유만으로 무참히 학살당했습니다.

하지만 이후 박정희, 전두환 등 반공(공산주의에 반대함)을 최우선 가치로 내세우는 정권이 들어선 탓에 피해자 가족은 피해 사실을 제대로 말하지 못한 채 국가 권력의 눈치를 봐야 했어요. 오히려 진상 규명을 요구하는 피해자 가족을 북한에 동조했다며 처벌하기도 했지요. 이 때문에 사건 발생 50여 년 뒤인 2005년이 되어서야 진상규명이 이뤄집니다. 보도연맹 학살 사건의 피해자는 10만여 명으로 추산되며 아직도 유해가 발굴되고 있어요.

다음은 거창 학살 사건입니다. 인천상륙작전 이후 도망갈 길이 끊긴 인민군들은 남한의 산속으로 숨어드는 일이 많았습니다. 지리산이 인접한 경상도의 거창 인근 역시 인민군들이 숨어 활동하는 지역이었습니다. 이에 국군은 숨어 있는 인민군들을 공격한다는 명목으로 거창의 마을을 불태우고 주민들을 학살했습니다. 인민군이 마을로 내려와서 식량을 가져가거나 주민들이 인민군에게 도움을 줄 수 있다는 이유였어요. 3일 동안 719명의 주민이 학살당했는데, 그중 어린이가 359명, 61세 이상의 노인이 74명이었습니다.

이러한 민간인 학살은 국군, 인민군, 중국군, 미군 모두가 자행했습니다. 정확한 자료는 없지만 전쟁 중에 학살된 민간인은 30만 명 정도로 추정되고 있습니다. 앞서 언급한 피카소도 이 민간인 학살과 관련해 〈한국에서의 학살〉을 그린 것입니다. 정부 입장에서는 자국 군대가 국민을 학살했다는 사실을 알리고 싶지 않았기에 1960년대까지 피카소를 검열의 대상으로 삼았어요. 1969년 검찰은 '피카소 크레파스'라는 크레파스를 판매한 사업가를 입건하고 상품에서 피카소의 이름을 지우도록 지시했어요. 피카소가 국제 공산당에 입당했었고 그가 그린 〈한국에서의 학살〉이 공산당에 유리한 그림이라는 이유였습니다.

군대, 경찰 같은 국가 권력을 이용해 행사하는 폭력을 '국가 폭력'이라고 합니다. 한국전쟁 때 민간인 학살은 국가 폭력의 대표적 사례입니다. 그러나 민간인 학살은 정치적인 이유로 한국전쟁에서 소외된 기억이 되어 왔고 진상 규명은 여전히 진행 중입니다.

'전쟁은 왜 해야 하나요?'라는 질문에 어떤 대답을 할 수 있을까요?

한국전쟁 때 학생들 역시 소년병, 학도병, 국민병 등의 이름으로 전쟁에 동원되었습니다. 학도병이었던 이우근의 편지는 우리에게 '전쟁이란 무엇인가'를 생각하게 합니다.

> 어머님! 나는 사람을 죽였습니다. … 적들의 다리가 떨어져 나가고 팔이 떨어져 나갔습니다. 너무나 가혹한 죽음이었습니다. 아무리 적이지만 그들도 사람이라고 생각하니, 더욱이 같은 언어와 피를 나눈 동족이라고 생각하니 가슴이 답답하고 무겁습니다. 어머님! 전쟁은 왜 해야 하나요? 이 복잡하고 괴로운 심정을 어머님께 알려 드려야 내 마음이 가라앉을 것 같습니다. 저는 무서운 생각이 듭니다. … 적병은 너무나 많습니다. 우리는 겨우 71명입니다. 이제 어떻게 될 것인가 생각하면 무섭습니다.

이우근은 당시 중학교 3학년이었고 1950년 8월 11일 포항여중 전투에서 사망했습니다. 이 편지는 그의 품속에서 발견되었습니다. 어린 학생의 '전쟁은 왜 해야 하나요?'라는 물음에 우리는 어떤 답을 할 수 있을까요? 이우근은 왜 사람을 죽여야 했으며 그는 왜 죽어야 했던 것일까요?

살아남은 학생들도 있었으나 그들도 전쟁 이전의 삶으로 돌아갈 수는 없었어요. 전쟁이 학생의 가능성을 앗아갔기 때문입니다. 참전용사 임종섭 씨는 전쟁 당시 서울 아현동에 살고 있던 학생이었습니다. 운동에 재능이 있던 그는 10세부터 기계체조를 하며 1951년 개최될 뉴델리 아시안게임에 출전하기 위해 전국체전을 준비하고 있었어요. 그러나 19세가 되던 해 전쟁이 일어났고 그 역시 '국민병'이라는 이름으로 군대에 징집되었어요. 임종섭 씨는 전방에서 인민군 장교를 생포해 무공훈장을 받았습니다. 하지만 정전 이후 운동선수로 돌아가는 것은 무리였어요. 그는 은행원으로 남은 인생을 살아가게 됩니다. 이처럼 전쟁으로 인생이 바뀐 사람들은 얼마나 많을까요?

한국전쟁으로 남한과 북한을 합쳐 약 200만 명 이상이 사망했습니다. 미군 사망자도 4만 명 가까이 됐고, 중국군 사망자도 15만 명에 달했습니다. 부모를 잃은 전쟁고아가 10만 명이 넘었어요. 전쟁이 빼앗아 간 삶과 가능성이 가늠조차 되지 않습니다.

다시 전쟁기념관으로 돌아가 보겠습니다. 현재 국방부는 군 장병들에게 휴가 중 전쟁기념관에 방문하면 하루 휴가를 더 주고 있습니다. 국방부로서는 군 장병들이 전쟁기념관 속 작전과 전투를 감상하며 군인 정신을 키우길 바란 것이겠지요. 그러나 전쟁기념관에는 인민군의 잔혹한 행위는 묘사되어 있어도 국군이나 미군이 저지른 학살 사건은 찾아볼 수 없습니다. 또 전쟁으로 삶과 꿈을 잃은 평범한 사람들보다는 전쟁 영웅들을 강조하고 있지요. 과연 우리가 한국전쟁에서 주목해서 기억해야 할 것은 무엇일까요? 그리고 전쟁을 통해 어떤 교훈을 얻어야 할까요?

너의 생각을 들려줘

우리가 한국전쟁에서 기억해야 할 것은 전쟁의 참혹함이다. 강자(지도자들)에 의해서 전쟁이 일어나면 많은 약자(민간인)들이 이유 없는 폭행과 학살 등을 당하게 된다. 하지만 피해를 받는 민간인들은 정작 자신들이 결정한 것은 하나도 없었다. 강자들의 결정으로 약자의 머리에 총이 겨누어지는 어이없는 현실과 참혹함을 기억해야 한다. 또한 약자들의 입장을 고려하고 잘못된 선택을 하지 않을 지도자를 선택해야 한다는 교훈을 얻을 수 있다.

한국전쟁은 두 정부의 정치적 자존심 싸움이었다. 고위층의 자존심이 민간인과 군인에게 어떤 피해를 주었는지 기억해야 한다. 전쟁을 일으킬 생각도, 누군가에게 해를 끼칠 생각도 전혀 없는 사람들이 마른하늘에 날벼락으로 피란길에 오르고 가족들과 생이별을 해야 했으며 심지어 목숨을 잃기도 했다. 전쟁이 일어난다면 가장 큰 피해를 보는 사람들은 민간인이라는 사실과 모두에게 고통과 피해를 준다는 것을 잊지 말아야 한다.

전쟁과 민간인 학살의 비극을 보며 폭력을 선택한 과거 지도자들의 어리석음에 대해 생각해 볼 수 있다. 남한과 북한 모두의 목적이었던 통일을 더 평화로운 방법으로 이뤄 낼 수는 없었을까? 예를 들어, 모둠활동 때 의견이 달라 충돌하는 상황을 떠올려 보자. 모둠원은 '좋은 성과를 낸다'라는 목적은 같다. 모둠활동 중에 과거 지도자들이 전쟁과 폭력을 택해 피해만 남겼던 것을 기억한다면, 서로에 대한 공격은 성과보다는 피해를 발생시킨다는 점을 생각한다면 대화와 협의를 통해 평화롭고 지혜로운 방법을 찾을 수 있을 것이다.

10장

대한민국은 민주공화국이었나요?

●

한국전쟁 이후 남북한의 지도자들은 자신의 독재 권력을 강화해 나갑니다. 이를 위해 국민들이 끔찍했던 전쟁의 경험을 늘 떠올리도록 만들었어요. 그러면서 전쟁이 다시 일어나지 않으려면 지도자가 강한 권력을 가져야 하며 국민은 정부에 복종해야 한다고 강조했습니다. 또 정치적 라이벌에 대해서는 간첩의 누명을 씌워 제거했어요. 분노와 증오의 감정으로 사회 분위기를 통제하며 영원한 권력을 꿈꾼 것입니다. 이승만은 두 차례나 헌법을 고치고 부정선거를 저지르며 1948년부터 1960년 4·19혁명이 일어나기 전까지 12년 동안 최고 권력을 누렸으며, 김일성 또한 1948년부터 1994년까지 절대 권력을 유지했습니다.

민주공화국은 어떤 나라인가요?

대한민국 헌법 제1조 제1항은 "대한민국은 민주공화국이다"입니다. 민주공화국이란 국민에게 주권이 있고 선거제도를 통해 대표자를 선출하는 국가 형태를 말합니다. 흔히 헌법은 한 국가의 기틀이라고 합니다. 쉽게 표현하자면 국가의 '자기소개서'라고 볼 수 있어요. '대한민국은 이런 나라입니다'라는 설명인 셈이죠. 대한민국의 최초 헌법인 제헌헌법⁝ 제1조 또한 "대한민국은 민주공화국이다"였습니다. 헌법이 갖는 상징성을 고려한다면 대한민국은 탄생부터 민주공화국임을 밝힌 나라입니다. 물론 북한도 마찬가지입니다.

그런데 대한민국의 시작은 민주공화국다웠을까요? 안타깝게도 민주주의의 초기 단계에서 국민이 주인이라는 민주주의의

⁝ 1948년 7월에 제정·공포되어 1952년 개정 전까지 존속했다.

원칙이 부정되고 공화국의 대표를 왕처럼 우상화하는 등 민주공화국답지 못한 모습을 보이게 됩니다. 과연 민주공화국을 민주공화국답게 만들기 위해선 무엇이 필요할까요?

법과 원칙이 무너진 민주공화국

한국전쟁을 거치며 이승만은 자신을 반공의 상징으로 포장하고 자신에게 맞서는 이들을 공산주의에 협력하는 간첩으로 몰아갔어요. 전쟁으로 인해 널리 퍼져 있던 북한에 대한 증오와 공포를 이용하는 것은 어려운 일이 아니었습니다.

1952년 초대 대통령이었던 이승만은 임기 만료를 앞두고 대통령 재선(두 번째 당선)을 노리고 있었어요. 제헌헌법에 따르면 대통령의 임기는 4년이었고 두 번까지 대통령직을 수행할 수 있었습니다. 하지만 이승만이 재선될 가능성은 낮았어요. 당시는 국민이 국회의원을 뽑고 국회의원이 대통령을 뽑는 간선제(간접선거제도)를 시행하고 있었습니다. 국회의원들은 한국전쟁 중에 보인 이승만의 무책임한 모습에 실망하고 있었습니다. 대통령이 국회의원들 몰래 서울을 빠져나간 것은 물론, 거창 양민 학살 사건을 조사하기 위해 국회가 조사단을 파견하자 국군이 인민군으로 변장하고 국회 조사단을 공격하는 일도 있었기 때문입니다.

국회와 갈등을 빚고 있던 이승만과 그의 세력은 국민이 직접 대통령을 선출하는 직선제로 헌법을 개정하려고 했습니다. 전쟁이라는 위기 상황에서 대통령이 바뀌는 것은 불안하다는 점을 강조하면 당선될 수 있으리라 판단한 겁니다.

헌법을 바꾸는 수단 역시 '반공'이었어요. 이승만 정부는 한국전쟁으로 임시 수도가 된 부산에서 군대와 경찰, 깡패를 동원해 직선제 개헌에 반대하는 국회의원들을 협박했습니다. 끝까지 반대했던 국회의원들은 '북한에 동조하는 공산주의자'로 몰아 구속했습니다. 이후 경찰과 군인이 국회를 포위한 가운데 자리에 일어나서 찬성을 표시하는 방식으로 투표한 결과 개헌안이 통과되었습니다. 권력 연장을 위해 반대 세력을 '반공의 칼'로 억누른 결과였지요.

그렇게 전쟁 중에 제2대 대통령 선거가 치러집니다. 남한 지역에서 실시된 최초의 대통령 직선제 선거였죠. 그러나 권력을 쥐고 있던 이승만 세력이 경찰 등 각종 공무원을 총동원하여 선거에 개입했고 이승만은 재선에 성공합니다.

폭력과 탄압으로 재집권한 이승만은 1954년 또다시 개헌을 시도합니다. 헌법에는 두 번까지 대통령직을 수행할 수 있게 명시되어 있으나 초대 대통령인 이승만에게는 예외를 두자는 내용이었어요. 다음은 이승만과 자유당이 제시한 헌법의 내용입니다.

> 제55조 제1항 대통령과 부통령의 임기는 4년으로 한다. 단, 재선에 의하여 1차 중임을 할 수 있다.
>
> 부칙: 이 헌법 공포 당시의 대통령에 대하여는 제55조 제1항 단서의 제한을 적용하지 아니한다.

이승만이 죽을 때까지, 횟수에 관계없이 대통령 선거에 나설 수 있는 부칙을 헌법 조항으로 넣겠다는 것입니다. 그러나 개헌을 하려면 국회의원 3분의 2의 동의가 필요했습니다. 당시 국회의원은 총 203명이었으니 203의 3분의 2는 135.33333…으로 136명의 국회의원이 개헌에 찬성해야 했어요.

1954년 11월 27일, 표결 결과 예상 밖의 일이 펼쳐집니다. 총 203명 중 찬성 135명, 반대 60명, 기권 6명, 무효 1명, 결석 1명의 결과가 나왔어요. 개헌안은 1표 차이로 부결됩니다.

그런데 이틀 뒤 국회 부의장이 "지난 회의에서 부결이라고 선포한 것은 계산 착오이므로 취소하고 가결되었다"라고 선포했어요. 수학에서 사용하는 사사오입(반올림)을 적용하면 203명의 3분의 2는 136명이 아니라 135명이니 개헌안이 통과되었다는 것입니다. 국회에서 이미 결정된 사안을 상황의 유불리에 따라 뒤집는 행위는 절차를 무시하고 법과 원칙을 파괴하는 일이었습니다. 법률상 소수점은 버린다는 원칙은 어디에도 명시되어 있지 않았으니까요.

독재에 반대한 정치인은 없었나요?

사사오입 개헌으로 영구 집권의 토대를 마련한 이승만은 1956년 제3대 대통령 선거에도 출마합니다. 이때 자유당의 이승만 외에도 민주당의 신익희, 무소속의 조봉암이 대통령 후보로 출마했습니다. 그러나 선거를 불과 열흘 앞둔 5월 5일, 이승만의 당선을 위협하던 신익희가 심장마비로 사망했어요. 조봉암은 민주당과 연대를 추진했지만 민주당은 받아들이지 않았습니다. 오히려 다른 당의 후보는 지지하지 않으며 민주당 지지자라면 무효가 되더라도 신익희에게 표를 던지는 것이 의미 있다는 내용의 성명을 발표해 추모표를 유도했습니다. 이승만을 지지하지 않는 사람들이 대거 사망한 후보에게 무효표를 던지면 이승만이 당선될 것이 뻔했습니다.

민주당은 왜 이런 입장을 견지했을까요? 당시 헌법에 따르면 대통령이 임기 중 사망하면 부통령이 대통령 직위를 승계했습니다. 부통령 선거에서는 민주당 후보인 장면의 당선이 유력한 상황이었어요. 1956년, 이승만의 나이는 81세였기에 50대인 조봉암이 대통령이 되는 것보다는 이승만이 대통령이 되고 곧 사망하는 것이 낫다는 판단이었습니다. 독재자의 집권을 막기보다는 자신들의 정권 획득에 유리한 방법을 찾은 것이죠.

결국 민주당의 추모표 캠페인으로 투표자 수의 20.5%에 달하는 185만여 표의 무효표가 나왔습니다. 덕분에 이승만은 대통령에 당선되었지만 이승만 정부에서 차례로 내무부 장관을 지냈던 최인규와 홍진기는 훗날 해당 선거에서 부정 개표가 있었음을 인정했습니다. 개표 과정에서 공무원들이 조봉암 표를 이승만의 표로 계산했던 것입니다.

그럼에도 불구하고 조봉암은 투표자 수의 30%에 달하는 216만여 표를 얻었습니다. 조봉암의 표와 신익희 무효표를 합치면 이승만과 크게 차이가 나지 않았고, 이런 결과는 영원히 권력을 누리고자 한 이승만과 자유당을 긴장시키기에 충분했습니다.

1956년 11월, 조봉암도 자신의 정치적 기반을 마련하기 위해 진보당을 창당합니다. 진보당은 자유당과 다르게 '평화 통일'을 주장했어요. 또한 농민과 노동자를 위한 정책을 내놓았는데 이는 지식인 위주의 민주당과도 차별화된 것이었습니다. 이 가운데 평화 통일 주장은 시민들에게 큰 지지를 받았어요. 이승만 정부가 반공을 강조하며 공포 분위기를 조성하는 것에도 반발이 심했고, 전쟁을 또다시 할 수는 없다고 생각한 국민이 많았던 것이죠.

조봉암과 진보당의 인기에 큰 위협을 느낀 이승만 정부는 진보당을 해산시킵니다. 북한과 평화롭게 통일한다는 주장은 반공 이념을 거스른다는 이유였어요. 게다가 조봉암에게 간첩 누명을 씌워 사형시킵니다. 국가 권력을 이용한 살인이었지요. 이후 평화 통일을 주장하면 정부로부터 공격받을 수 있다는 두려움에 어떤 정치인도 평화 통일을 말하지 않았습니다. 농민과 노동자 역시 자신들을 대변하는 정당인 진보당이 해산된 이후 정치에서 소외되어갔습니다.

반공 독재국가의 국민은 어떤 삶을 살았나요?

이승만에게 빌붙어 온갖 권력을 누려 온 세력은 이승만의 독재가 지속되길 원했습니다. 독재가 끝나는 순간 자신들의 부정부패가 드러나고, 그간 쌓아 올린 부와 권력을 잃게 된다 생각했던 것이죠. 이들이 권력을 유지하기 위해 선택한 방법은 이승만을 '우상화'하는 것이었습니다. 이들은 이승만을 민족의 영웅이

자 반공의 수호자, 국가의 아버지로 추켜세웠어요. 민주공화국의 대표는 국민이 그 권한을 부여한 것이기에 그를 우상화하는 것은 있을 수 없는 일이었지만, 1950년대 이승만에 대한 우상화 작업이 여러 차례 이루어졌습니다.

1956년 남산에는 이승만의 81세 생일을 기념해 거대한 동상이 세워집니다. 독재국가에서 독재자의 모습을 동상으로 만드는 일은 빈번합니다. 이승만 동상은 높이 25m로, 당시 아시아에서 최대 높이였다고 합니다. 당시 북한에 세워진 김일성 동상의 높이가 20m 정도였는데 그것보다 높게 만드는 데 심혈을 기울였다고 해요.

이 동상의 제작비는 2억 600만 환⁝이었습니다. 당시 대한민국은 미국의 원조를 받는 가난한 나라였음에도 대통령의 동상을 세우는 데 어마어마한 돈을 썼던 것입니다. 이 동상은 1960년 4·19혁명을 거치면서 시민들에 의해 철거되었습니다.

또한 이승만의 얼굴을 새긴 화폐가 발행되기도 했습니다. 사람들은 매일 지폐를 쓸 때마다 이승만의 얼굴을 보게 되었지요. 오늘날 화폐에 세종대왕과 같은 역사적 위인을 새긴다는 점을 생각해 볼 때 이승만과 그의 추종 세력은 국민들이 이승만을

⁝ 1962년까지 사용되던 대한민국 화폐. 1962년에 10환이 1원으로 교환되었다.

1959년 3월 26일, 이승만의 84세 생일 축하 행사. 관중석에서는 카드를 든 사람들이 숫자 84를 만들고, 한복을 입은 여고생들이 이승만의 대형 초상화를 들고 행진하고 있다.

역사적 위인처럼 숭배하길 원했던 것 같습니다.

대통령의 생일을 축하하는 행사도 열렸습니다. 이 행사에서 집단체조 공연이 이루어졌는데요, 집단체조는 사람들을 동원해야 가능하기 때문에 민주주의 국가에서는 찾아보기 어렵습니다. 오늘날 북한은 10만 명이 넘는 규모의 집단체조로 유명하지요.

1956년 이승만의 81세 생일 기념 행사에서는 서울의 인창고등학교 학생들의 집단체조가 펼쳐졌고, 수도여자고등학교 학생들은 고전무용 공연을 했습니다. 이듬해 생일 기념 행사에서도 경복고등학교 학생들은 인간 탑을 쌓는 공연을 했고 숙명여자고등학교 학생 500명은 한복을 입고 고전무용을 추었으며, 상명여자고등학교 학생들은 칼춤을 추었습니다. 이러한 집단체조와 공연은 엄청난 연습이 필요했을 것입니다. 수업 대신 대통령의 생일 기념 행사에 동원된 학생들이 무엇을 배웠을까요?

이승만의 독재는 어떻게 무너졌을까요?

이승만 세력은 우상화와 반공을 활용해 독재를 이어 갔지만 이들이 예상하지 못한 점이 있었어요. 학교 교육을 받는 국민의 비율이 늘면서 민주주의의 가치와 이상을 배운 세대가 등장했습니다. 게다가 미국이 한국에 대한 원조를 줄인 탓에 경제적으로도 어려워지자 이승만 정권에 대한 불만은 더욱 커져 갔어요. 1960년, 이승만 세력은 3월 15일에 치러질 대통령 선거에서 대규모 부정선거를 기획하게 됩니다. 이번에도 이승만의 경쟁 후보가 선거 도중 사망하였기에, 부통령 선거가 관건이었어요.

자유당은 이기붕을 부통령에 당선시키기 위해 수단과 방법을 가리지 않았습니다. 투표함의 40%를 자유당 표로 미리 채워

넣기도 하고, 사람들이 3인조, 9인조로 함께 투표소로 들어가도록 투표 방식을 바꿔 공개 투표를 하게 했어요. 경찰과 폭력배들이 유권자를 위협하기도 했고, 투표함을 통째로 바꿔치기도 했습니다.

선거 당일, 부정선거에 항의하는 시위가 경상남도 마산에서 일어났습니다. 결국 경찰은 시위 군중에게 발포하며 시위를 진압했어요. 그러던 중 마산상업고등학교 김주열 학생의 시신이 마산 앞바다에서 발견됩니다. 시신의 모습은 충격적이었어요. 경찰이 쏜 최루탄이 눈에 박혀 있는 상태였습니다. 시위에 참가했다는 이유로 학생을 무참히 죽인 정권에 대한 시민의 분노가 폭발했습니다. 이승만은 마산 시위는 공산주의자들이 조종한 것이라며 국민을 압박했지만, 국민들은 더 이상 공포에 무릎 꿇지 않았어요.

시위는 전국적으로 퍼졌습니다. 4월 19일, 서울 시내 시위 군중의 수는 10만 명에 달했고, 시위대 중 일부는 경무대(청와대의 옛 이름)로 향했어요. 그러자 경찰은 시위대를 향해 무차별 총격을 가하기 시작했습니다. 이날 하루 동안 서울에서만 100명이 넘는 사망자가 나왔어요. 그럼에도 학생과 시민은 시위를 멈추지 않았어요. 정부는 군대까지 동원했지만 역부족이었습니다. 초등학생부터 노인까지 시위에 참여했고, 시위를 진압하러 온 군인들도 시위대 편을 들 정도였지요. 결국 4월 26일, 이승만은 대통령 하야를 요구하는 국민적 요구에 굴복하여 '국민이 원한다면 물러나겠다'는 내용의 성명을 발표하고 대통령직에서 물러난 뒤 미국으로 망명했습니다. 이를 4·19혁명이라고 합니다.

민주공화국을 민주공화국답게 만드는 것은 무엇일까요?

대한민국은 민주공화국임을 헌법 제1조 제1항에 내세웠지만 초기 모습은 민주공화국이라고 하기에는 어려운 일이 많이 일어났습니다. 민주공화국다운 나라는 어떤 나라일까요? 세계 최초의 민주공화국 미국의 사례를 보며 생각해 봅시다.

미국의 초대 대통령은 조지 워싱턴입니다. 당시 미국 헌법에는 대통령 연임 제한이 없었어요. 즉 선거를 통해 당선만 된다면 무제한으로 연임할 수 있었습니다. 워싱턴은 재선 후 국민의 지지도가 굉장히 높았고 주변인들도 세 번째 출마를 권유했지만 스스로 물러났어요. 첫 대통령이 장기 집권을 하면 이후의 대통령들도 계속 권력을 놓지 않으려 할 것이라는 이유였습니다. 결국 초대 대통령의 사례를 모범 삼아 이후 미국 대통령들은 최대 재선까지만 하는 것이 관례가 되었습니다. 워싱턴 사망

이후 약 150년 뒤에야 미국 헌법에 대통령 연임을 제한하는 조항이 명시되지요.

반면 대한민국의 시작점에서는 권력자가 헌법을 자신에게 유리하게 고치는 등 갖은 수단을 동원해 권력을 놓지 않으려 했습니다. 4·19혁명이라는 시민들의 자발적인 저항운동으로 독재자를 끌어내리는 데 성공했지만 독재정권은 이후에도 계속해서 들어섰습니다.

그렇다면 민주공화국을 민주공화국답게 만들려면 무엇이 필요할까요? 조지 워싱턴처럼 양심적인 지도자가 등장하는 것이 중요할까요, 아니면 4·19혁명처럼 국민이 비판의식을 갖고 잘못된 권력자를 견제하는 것이 중요할까요? 그것도 아니라면 또 다른 무언가가 있을까요? 민주공화국다운 나라는 어떤 나라이며, 또 그런 나라를 만들기 위해 시민은 무엇을 해야 할까요?

너의 생각을 들려줘

민주공화국다운 나라는 시민들에게 권력이 분배되어 독재가 불가능한 구조가 확실하게 갖춰지고, 시민들이 권력자를 비판적으로 바라볼 수 있는 나라다. 독재자가 등장해 집단체조 같은 비민주적인 행사를 진행할 때, 비판의식이 없다면 그것을 당연하게 받아들일 수 있다. 그러니 시민은 사회를 비판적으로 바라보는 시선을 가져야 한다. 이를 위해 가장 중요한 것은 시민들의 의견이 반영될 수 있는 창구다. 시민이 단체를 구성하거나 의견을 낼 수 있는 장이 충분하고 그 안에서 개개인이 자유롭게 생각을 표현할 수 있다면, 또한 그것을 정부가 귀 기울여 듣고 수용하는 제도가 마련된다면 민주공화국다운 나라가 될 것 같다.

민주공화국다운 나라는 국민을 정치에서 소외시키지 않는 나라다. 대한민국은 민주공화국으로 주권은 국민에게 있음에도 불구하고 이승만처럼 국가 권력을 이용해 반대 세력을 폭력으로 억압하고 선거를 조작한다면 민주공화국은 무너지고 만다. 따라서 주권자인 국민은 정치에 관심을 갖고 적극적으로 참여하고 실천해야 한다. 그리고 국민의 지지로 권력을 갖게 된 지도자는 돈과 명예보다는 책임감을 갖고 일해야 한다.

민주공화국다운 나라는 모든 국민이 같은 무게의 '돌'을 쥐고 있는 나라라고 생각한다. 민주공화국 국민의 주권이 바로 '돌'이다. 주권을 '돌'이라고 표현한 이유는 이것이 단지 권리만은 아니기 때문이다. 주권을 행사하기 위해서는 책임감, 의무감, 정치에 대한 관심 등이 필요하다. 나는 아직 정치적인 결정을 할 수 있는 나이가 아니기에 정치는 어른들이 알아서 하는 거라고 생각했다. 그러나 이번 장을 읽으며 '내가 아니어도 누군가 하겠지'라는 생각을 가진다면 이승만과 같은 독재자를 도와주는 꼴이 된다는 것을 깨달았다. 투표는 주권을 행사하는 가장 기본적이면서도 중요한 방법이다. 모두가 더 나은 세상을 만드는 데 자신의 한 표가 얼마나 소중한지 알았으면 한다.

11장

'잘살아 보세'는 누구를 위한 것이었을까요?

●

4·19혁명으로 이승만이 대통령직에서 물러나고 야당이었던 민주당이 정권을 잡습니다. 민주당은 이승만의 독재가 가능했던 것은 대통령의 권한이 너무 컸기 때문이라며 내각책임제로 국가를 운영하려 했어요. 내각책임제란 대통령은 상징적 존재로 두고 국무총리와 국회가 정부를 주도하는 정치 제도입니다. 그러나 대통령 윤보선과 국무총리 장면은 이를 두고 내내 갈등했고 민주당도 대통령파와 국무총리파로 나뉘어 대립하며 혼란스러운 날들이 이어졌습니다.

이런 혼란을 틈타 1961년 5월 16일, 군인 박정희가 군사 정변을 일으켜 정권을 차지합니다. 그는 정권 연장을 위해 세 번이나 헌법을 고치며 18년 동안 독재 권력을 휘두릅니다. 박정희 정권은 많은 사람들에게 '개발'과 '경제성장'으로 기억됩니다. 과연 1960~1970년대 한국 경제는 발전했을까요?

'한강의 기적'이라고 들어 봤나요?

제2차 세계대전에서 패배한 독일은 서독과 동독으로 분단되었습니다. 시장경제 체제를 택한 서독은 폐허 위에서 눈부신 경제성장을 이뤄 냈는데, 이를 '라인강의 기적'이라 부릅니다. 한국의 급속한 경제성장을 이에 빗대 '한강의 기적'이라고 부르기도 하지요.

당시의 경제성장은 실로 기적이라 부를 만했습니다. 박정희 정부 초기인 1962년 한국의 상품 수출액은 5,000만 달러 정도였으나 1977년 100억 달러를 돌파합니다. 15년 만에 수출액이 200배 가까이 증가한 거예요. 또한 1961년 1인당 국민총생산(GNP)[⁝]이 87달러였는데, 1979년에는 1,579달러로 증가합니다.

⁝ 한 나라의 국민이 일정 기간 생산한 최종 생산물을 시장 가격으로 평가한 총금액.

이러한 경제성장이 가능했던 원동력은 무엇이었을까요? 어떤 이들은 1970년대 유행했던 건전가요[⁝] "잘살아 보세 잘살아 보세 우리도 한번 잘살아 보세"에 담긴 정신으로 경제성장을 할 수 있었다고 말합니다. 너나없이 근면 성실하게 노력한 덕분이라는 것이죠. 정말일까요? 이번 장에서는 경제성장 속에서 주목받지 못했던 이들의 이야기를 통해 한강의 기적은 정말 기적이었는지, 한국의 경제는 '발전'했는지 살펴보겠습니다.

박정희 정부는 왜 경제성장을 강조했나요?

이승만 정부 시기 한국의 경제 상황은 처참했습니다. 전쟁 피해로 농토는 황폐해지고 전쟁고아, 부상자 등이 넘쳐 났어요. 그러나 이승만은 북진통일을 주장하며 정권 유지에만 열을 올렸을 뿐 경제는 뒷전이었습니다. 이승만 정부는 전적으로 미국의 원조에 의존했어요.

당시 미국은 한국, 일본, 타이완 등 동아시아 국가에 경제원조를 했습니다. 이 국가들이 경제위기에 직면하면 사회주의 세

⁝ 정부 정책이나 지도자를 찬양하려는 의도로 정부가 주도해 보급한 가요. 문화를 통해 국민을 통제하는 것이 주목적이었다.

력이 힘을 얻게 되고, 그렇게 되면 냉전체제 속에서 미국이 불리해지기 때문이었습니다. 1945~1959년 사이 동아시아 국가 중 미국의 원조를 가장 많이 받은 나라는 한국이었습니다. 이승만은 한국이 공산주의와 맞서는 최후 방위선이라는 이유로 미국의 원조를 당연시했어요. 미국이 도와줄 것이라는 안일한 태도로 인해 한국의 경제 발전은 늦어질 수밖에 없었지요.

이런 상황에서 1963년 대통령으로 당선된 박정희는 다음 선거에서 또 당선되려면 부정이나 편법이 아닌 압도적 성과가 있어야 한다고 생각했습니다. 선거에서 부정을 저지르면 국민이 가만있지 않는다는 것이 4·19혁명을 통해 증명되었으니까요. 따라서 이승만 정부가 해내지 못했던 경제성장을 이룩한다면 국민의 지지를 바탕으로 권력을 유지할 수 있으리라 판단했습니다.

눈부신 경제성장의 대가는 무엇이었나요?

박정희 정부는 경제성장을 위해 수단과 방법을 가리지 않았습니다. 공장을 세우고 상품을 수출하려면 정부 차원에서 지원할 수 있는 경제개발 자금이 필요했어요. 자금 마련을 위해 정부가 선택한 첫 번째 방법은 일본과의 외교 관계 회복이었습니다. 이는 미국 또한 원하는 일이었어요. 미국은 미국을 중심으로 한국과 일본으로 연결되는 자본주의 진영의 돈독한 동맹 관계를 통해 소련, 중국, 북한으로 연결된 사회주의 진영에 맞서고자 했습니다.

한일 관계 정상화는 이승만 정부에서도 시도되었습니다. 다만 일제강점기에 대한 일본의 반성 없는 태도로 인해 회담이 중단되었죠. 그러나 1965년 박정희 정부는 식민 지배에 대한 사죄와 배상, 약탈한 문화재 반환 등의 문제는 무시한 채 일본과의 국교를 정상화합니다.

그 결과 한국 정부는 일본 정부로부터 경제 협력 자금(무상 3억 달러, 차관⇣ 2억 달러)을 받습니다. 35년간의 식민 지배와 반인권적 범죄 행위에 대한 사죄를 포기하는 대가로 받은 돈이었지요. 심지어 식민 지배 기간에 한국인이 입은 각종 피해에 배상을 요구할 수 있는 청구권을 포기한다는 내용의 협정도 체결됩니다(한일 청구권 협정, 1965). 이는 일본 정부가 지금까지 전쟁 범죄 행위에 대한 사죄와 배상을 하지 않는 근거로 활용되고 있습니다.

경제개발 자금 마련을 위한 두 번째 방법은 베트남전쟁 참전이었어요. 당시 베트남은 한반도와 마찬가지로 자본주의 진영의 남베트남과 사회주의 진영의 북베트남으로 분단되어 있었

⇣ 정부나 기업 등이 외국 정부나 공적 기관으로부터 자금을 빌려 오는 것 또는 그 자금을 뜻한다.

습니다. 남북 베트남 사이에 전쟁이 일어나자 미국은 사회주의 진영의 확산을 막아야 한다며 대규모 군사개입을 했고 동맹국에도 참전을 요구했습니다.

미국의 요청을 받은 한국 정부는 1964년부터 1973년까지 32만여 명의 한국군을 베트남에 파병했어요. 미국은 '브라운 각서'(1966)를 통해 한국에 대한 군사적·경제적 지원을 약속합니다. 한국의 군대 장비를 현대화하고 베트남의 각종 건설 사업에 참여할 권리를 제공하며 경제개발에 필요한 자금을 빌려주기로 한 것이지요. 그러나 베트남 파병으로 수많은 한국군 장병이 희생되었고 베트남 또한 전쟁 중 한국군이 저지른 민간인 학살로 인해 큰 피해를 입었습니다. 한국 정부가 미국으로부터 받은 돈은 무엇과 바꾼 것이었을까요?

경제개발 자금을 마련한 정부는 경제성장의 방법으로 수출 증대를 내세우고 공장을 짓기 시작합니다. 또한 만들어진 물건들을 빠르게 운송하기 위해 도로를 건설했어요. 이때 건설된 것이 포항제철(포스코)과 경부고속도로입니다.

그러나 수출 기반이 마련되었다고 해서 수출이 증대되는 것은 아닙니다. 한국의 상품을 사 줄 시장이 있어야 하지요. 당시 국제적인 상황은 한국에 유리했습니다. 그 무렵 한국의 주요 산업은 경공업[↓] 이었는데, 경공업 제품을 만드는 국가 대부분이 사회주의 체제를 택한 동유럽 국가였습니다. 냉전체제하에서 자본주의 국가와 사회주의 국가 간에 교역이 이루어지지 않았기에 서유럽이나 미국에서 한국의 경공업 제품을 구입했지요.

박정희 정부의 또 다른 수출 전략은 낮은 가격으로 상품을 판매하는 것이었습니다. 수출에서 경쟁력을 가지려면 상품의 품질이 좋거나 가격이 저렴해야 합니다. 당시 한국 상품의 품질은 비교적 떨어졌기에 가격이 낮아야 팔릴 수 있었어요. 그런데 저렴한 가격에 판매하면 그만큼 이익을 얻기가 어렵겠지요. 이를 해결하기 위해 정부는 저임금 정책을 펼칩니다. 싼 가격에 상품을 판매하는 대신 상품을 만드는 노동자에게 임금을 적게 주는 것이지요. 경제성장을 하기 위해 노동자들의 희생은 당연시되었습니다.

여공들은 어떤 삶을 살아야 했나요?

1960~1970년대 노동자들은 기본적인 권리마저 침해당하며 경제성장의 동력으로 일해야 했습니다. 그중 가장 소외된 존재를

[↓] 합판, 의류, 식료품, 잡화 등 무게가 가벼운 물건을 만드는 공업.

꼽으라면 아마 여공(공장에서 일하는 여성 노동자)일 것입니다. 여공은 사회적으로 대우 받지 못했던 노동자 중에서도 여성이라는 이유로 이중의 차별을 받았어요. 이들은 어떤 삶을 살았을까요?

먹고살기 힘들었던 당시에는 생계를 위해 어린 나이에 노동 현장에 뛰어드는 사람이 많았습니다. 여공 대부분은 10대에 일을 시작했어요. 《열세 살 여공의 삶》이라는 책을 쓴 신순애 씨 역시 열세 살 때 평화시장에 '미싱사의 시다'[⁝]로 취업합니다. 여공들의 노동환경은 너무나 열악했어요. 일어설 수조차 없는 좁은 다락방에서 하루 16시간을 일하고 받는 일당은 고작 220원이었습니다. 당시 물가로 커피 한 잔 값 정도였으니 하루 종일 일해서 굶어 죽지 않을 만큼의 월급만 받은 것이죠.

여공들은 식사할 때도 작업장을 떠나지 못했습니다. 먼지와 함께 밥을 먹는 게 일상이었고 코를 풀면 검은 먼지가 나올 정도였지만 생계를 위해선 계속 일해야 했어요. 노동환경이 이처럼 열악했기에 "평화시장에서 3년만 일하면 고물이 된다"라는 말이 유행할 정도였습니다.

⁝ 미싱사는 재봉틀로 옷을 만드는 재봉사를 말한다. 시다는 미싱사를 보조하는 업무를 맡은 어린 여공들을 가리키는 말로, 견습공을 뜻하는 일본어 '시타바리'에서 유래했다. 일본식 표현이지만 산업화 시기 널리 쓰인 용어이기에 그대로 사용한다.

1970년대 평화시장 봉제 공장의 내부 풍경

이러한 노동환경을 개선하려는 노력도 있었습니다. 평화시장 노동자들은 자신들의 정당한 권리를 찾기 위해 노동조합(노조)을 설립했고, 신순애 씨 역시 청계피복노조에 가입해 활동했어요. 노조를 통한 집단행동으로 성과를 이루기도 했습니다. 여공들의 노동시간을 단축하고 그동안 지급되지 않았던 퇴직금을 받아 내기도 했습니다.

또 다른 여공 장남수 씨는 열다섯 살에 홀로 서울로 와 과자 공장에 취직했습니다. 그리고 대학생들이 여공들을 대상으로 야간에 수업을 하는 야학에 다니며 공부했어요. 고된 노동을 마친 뒤라 졸음이 쏟아졌지만 배움만이 가난에서 벗어날 수 있는 길이라 생각하며 버텼습니다. 장남수 씨는 야학 2년 만에 중학교 3년 과정과 고등학교 검정고시까지 합격했어요. 그러나 모두가 장남수 씨처럼 학업을 이어 간 것은 아닙니다. 일하며 공부하는 것은 너무나 힘든 일이었기 때문입니다. 따라서 장남수 씨가 다닌 야학은 60명이 입학했지만 졸업생은 열두 명뿐이었어요.

이후 장남수 씨는 이후 원풍모방에 입사했는데 그곳에서 노조 활동을 하다 경찰에 검거되어 구속당합니다. 당시 노동자들의 단체행동권[↓]을 법적으로 보장하지 않았기 때문입니다. 국가는 경제성장이라는 미명 아래 기업이 노동자의 권리를 침해하는 것을 묵인했습니다. 동반자 관계여야 할 노동자와 기업이 국가에 의해 불균등한 관계가 된 것입니다. 장남수 씨가 법정에서 한 진술은 당시 노동자가 처한 현실을 잘 보여 줍니다.

> 길지 않은 기간이지만 구치소 생활을 하면서 우리 노동자들이 얼마나 비참하게 살아왔는지를 새삼 확인했습니다. 감옥이라고 하면 죄를 지

[↓] 헌법이 보장하고 있는 노동 기본권 중의 하나로, 노동자가 노동조건의 개선을 위해 단체적인 행동을 할 수 있는 권리다. 단결권, 단체교섭권과 함께 노동3권이라고 불린다.

은 사람을 수감해 놓은 곳이므로 무척 살기 힘들고 고통스러운 곳인 줄 알았습니다. 그러나 저희들에게는 그렇지 않더군요. 여기서는 적어도 먹고 잠자는 기본 문제가 해결되며 무엇을 먹을까 무엇을 입을까 걱정할 필요가 없습니다. 저는 가장 근로조건이 우수하다고 평이 난 원풍모방 기숙사에 있었습니다. 그런 저희 기숙사 식당 부식보다 구치소 것이 낫더군요. 그래서 우리 노동자들은 죄인보다 못하다는 것을, 수감된 사람들이 먹는 음식보다 더 못한 음식을 먹으며 방세 걱정, 연탄 걱정에 찌들어 인간 이하의 생활을 해 왔다는 것을 뼈저리게 느꼈습니다. 저는 지금 마음이 편합니다. 고생스러운 바깥 생활, 창살만 없지, 감옥같이 살아온 바깥 생활보다 육체적으로도 편합니다. 다만 밖에서 걱정할 가족들과 동료들을 생각하면 마음 아플 뿐입니다.

–장남수, 《빼앗긴 일터, 그 후》 중에서

노동할 때보다 감옥 생활이 먹고 자는 걱정이 없어서 좋다니 말문이 막힐 정도입니다. 1960~1970년대 노동자들은 도대체 어떤 생활을 견뎠던 것일까요?

'잘살아 보세'는 모두를 위한 것이었을까요?

이렇게 핍박받는, 힘없는 존재였던 여공들이 독재 정권을 무너뜨리는 사건이 일어납니다. 바로 YH무역 사건입니다. YH무역은 1970년대 국내 최대 규모의 가발 회사로, 주로 미국으로 가발을 수출했어요. 가발 주 소비층은 흑인 여성이었습니다. 흑인 여성들은 자신의 곱슬머리를 감추고 백인 여성처럼 직모로 보이기를 원했어요. 이러한 요구에 맞게 가발을 제작하는 것은 섬세한 손놀림이 필요한 일이었고 YH무역에는 숙련된 여공이 많았습니다. 그런데 그런데 1970년대 중후반이 되자 가발 산업 전체가 하향세에 접어들었어요. 미국에서 마틴 루서 킹이나 맬컴 엑스 등을 필두로 흑인 인권 운동이 활발히 일어났기 때문입니다. 흑인들은 더 이상 자신의 신체를 부끄러워하지 않고 당당히 드러내기 시작했어요. 가발 역시 필요 없어지게 되었죠. 결국 1979년 YH무역의 기업주가 해외로 회사의 재산을 빼돌리고 일방적으로 폐업 공고를 냈어요. 여공들은 폐업을 철회하고, 경영이 어렵다면 다른 업체에 경영권을 넘겨 여공들이 계속 일을 할 수 있게 해 달라고 요구했습니다. 여공들이 회사를 점거한 채 시위를 하자 경찰이 진압하려 했어요.

그러자 여공들은 당시 야당이었던 신민당을 찾아가 당사를

YH무역 노동자들이 강제로 연행된 뒤 농성 현장에 남겨진 머리띠와 신발들. 머리띠에는 "안되면 죽음이다"라고 적혀 있다. 당시 시위 진압이 얼마나 격렬했는지 보여 준다.

집회 장소로 쓰게 해 달라고 부탁합니다. 신민당사는 안전하리라고 생각한 것이죠. 신민당 총재였던 김영삼이 이를 허락하며 YH무역 여공들은 당사에서 집회를 이어 갑니다.

그런데 경찰 기동대 1,000여 명이 신민당사를 습격해 시위대를 폭력적으로 진압합니다. 신민당원과 여공 들은 엄청난 구타를 당했고 이 과정에서 당시 21세의 여공 김경숙이 사망했습니다. 이날 약 200명이 경찰에 강제 연행되면서 시위는 진압됩니다.

이 사건 이후 박정희는 김영삼이 미국 신문사와 반정부적 인터뷰를 했다는 이유로 국회의원직에서 제명해 버립니다. 이에 김영삼의 정치적 근거지인 부산과 마산 지역에서 대규모 민주화 운동이 전개됩니다(부마항쟁). 이 부마항쟁에 대한 진압 문제를 놓고 정부 내에서 의견이 갈리고, 이 갈등으로 박정희는 자신의 부하에게 암살당합니다. 경제성장을 외쳤던 독재자는 수많은 노동자를 죽음으로 내몰았고, 결국 그 노동자의 죽음이 그를 끌어내린 것입니다.

박정희가 집권한 약 20년이 한국 경제가 급성장한 시기임은 부정할 수 없습니다. 그런데 성장의 동력이었던 공장노동자들은 지금 잘살고 있을까요? 당시 10대의 여공들은 50~60대가 된 지금도 '미싱'을 밟으며 살아가는 경우가 많습니다. 한국은 이제 경제 규모 세계 10위권에 들고 세계적으로 유명한 대기업도 많습니다. 하지만 그 성장의 과실은 노동자들에게 돌아가지 않았지요.

1960~1970년대에는 경제성장을 위해 조국을 떠나야 했던 노동자들도 있습니다. 정부는 서독으로부터 차관 1억 5,000만 마르크를 받았어요. 그 대가로 한국의 노동자를 독일에 파견(파독)하는 것이었습니다. 1963년에 시작돼 1980년까지 이어진 파독으로 7,900여 명의 광부와 1만여 명의 간호사가 조국을 떠나 온

갖 차별을 견디며 노동해야 했습니다.

이렇듯 한국이 수출 100억 달러를 달성한 것은 가난을 극복하려고 열심히 일한 성실한 노동자들 덕분이었습니다. 그럼에도 정부는 노동자에게 '근면'을 강조했어요. 하루 15~16시간씩 노동하는 노동자들은 얼마나 더 부지런히 일해야 가난한 삶에서 벗어날 수 있었던 걸까요?

1960~1970년대 경제 체제는 오늘날까지도 영향을 미치고 있습니다. 기업의 경영권을 노동자의 노동권보다 우선시하는 경향이 여전하지요. 노동자들의 임금 인상 요구나 노동조건의 개선 요구 등은 기업의 성장을 방해하는 걸림돌이라는 인식이 만연합니다. 과연 '잘살아 보세'의 '잘산다'는 건 어떤 의미일까요? 또한 1960~1970년대 한국 경제는 '발전'했다고 볼 수 있을까요?

너의 생각을 들려줘

가난하든 부유하든 내가 하는 일에 만족하면서 살아가는 게 '잘 사는' 일인 것 같다. 그런데 내 일에 만족하려면 일에 대한 정당한 대가와 더불어 안전하고 건강하게 일할 환경이 보장되어야 한다. 하지만 1960~1970년대 노동자 대다수는 잔혹한 노동 현실 때문에 힘겨워했다. 기적이라 불릴 정도로 엄청난 경제발전을 이룩했지만 노동자들의 삶은 참혹했다. 그런 점에서 진정한 발전을 이뤘다고 볼 수는 없는 것 같다. 설령 그렇다 하더라도 박정희가 아닌 그 시대의 노동자들이 이뤄 낸 것이라고 생각한다.

'잘살아 보세'는 빛 좋은 개살구였다. 당시 경제 규모 변화를 그래프나 표로 본다면 한국이 잘살게 된 것처럼 느껴질 것이다. 하지만 그 수치를 만들어 내기 위해 국민의 워라밸은 무너졌고 평균적인 삶의 질 또한 훨씬 떨어졌다. 박정희 정부는 경제성장이라는 명목하에 노동자의 육체와 정신을 일방적으로 희생시켰다. 하지만 노동자들은 경제성장의 영광과 혜택에서 배제되었다. 지금도 노동 현장에서 노동자가 일하다 죽거나 다치는 일이 발생해도 기업의 책임자에 대한 처벌이 약하다. 이런 사회가 '발전'했다고 할 수 있을까?

나는 박정희 정부의 경제 정책은 애초에 잘못되었다고 생각한다. 박정희 정부는 다음 선거에서 또 당선되기 위해 경제개발을 시작했다. 그러다 보니 경제발전의 수치만 신경 쓰고 국민의 행복은 안중에도 없었다. 국가의 최고 지도자는 국민의 삶의 질을 높이기 위해 노력하는 사람이어야 한다. 경제발전의 목적도 국민이 풍족하지는 않더라도 행복하게 살 수 있게 만드는 것이어야 마땅하다. 그러나 경제개발 정책 아래에서 노동자의 삶은 크게 바뀐 것이 없다. 하루하루 겨우 살아갈 정도의 낮은 임금을 받으며 열악한 환경에서 장시간 일을 해야 했다. 국민의 행복을 이뤄 내지 못했다는 점에서 경제 규모는 커졌으나 발전했다고 보기는 힘든 것 같다.

12장

신속과 효율의 나라가 희생시킨 것은 무엇일까요?

●

박정희가 사망하자, 시민들은 이제 우리나라가 진정한 민주공화국이 될 것이라 기대했습니다. 그러나 전두환 등 이른바 신군부↓ 세력이 군사 반란을 일으켜 정권을 잡습니다(12·12군사 반란). 1980년 봄, 대학가를 중심으로 신군부 퇴진 등을 주장하는 시위가 크게 벌어집니다. 신군부 세력은 계엄령↓↓을 선포하고 김대중 등 야당의 대표 정치인과 민주화 운동가 들을 체포했어요.
광주에서는 민주화를 요구하는 시위가 계속되었습니다. 5월 18일 신군부는 광주에 계엄군을 투입해 시위에 나선 시민과 학생 들에게 폭력을 행사합니다. 이에 분노한 시민들이 시민군을 조직해 맞서자 계엄군은 헬기와 탱크까지 동원해 시민군을 무자비하게 진압합니다(5·18 민주화운동). 광주 시민의 저항을 진압한 전두환은 대통령에 취임했고, 이후 1988년까지 전두환에 의한 독재가 이어집니다.

↓ 전두환 세력을 박정희로 대표되는 옛 군사 세력과 구별해 이르는 말.

↓↓ 국가 비상사태 때 군대가 행정권을 장악하고 헌법에 보장된 국민의 기본권을 제한할 수 있는 조치.

'빨리빨리' 문화의 탄생

2018년 영국의 BBC는 한국인들의 '빨리빨리' 문화에 주목했습니다. 세계 최고 수준의 인터넷 속도, 주말 내내 결혼식장에서 한 시간 간격으로 결혼식이 연이어 진행되는 모습, 주문 후 빠르게 도착하는 배달 음식처럼 우리에겐 당연한 일상이 외국인에게는 신기하게 여겨지는 듯합니다. 이 기사는 한국의 '빨리빨리'가 가장 잘 드러나는 곳이 수도 서울이고, 이러한 문화는 1961~1987년에 만들어졌다고 이야기합니다. 박정희에서 전두환으로 이어지는 군사독재 시절이지요.

실제로 1970~1980년대는 현재 서울의 모습이 만들어진 시기입니다. 서울의 강남 지역이 개발되고 아파트가 지어졌어요. 또한 외국인 관광객이 늘면서 서울뿐 아니라 전국 주요 철도역을 중심으로 도시화가 활발히 이뤄졌습니다. 오늘날 한국의 깔끔한 도시들과 잘 정비된 도로 대부분은 이때 만들어졌지요. 이 과정에서 신속과 효율을 강조하는 '빨리빨리' 문화가 탄생했다고 볼 수 있습니다. 이 장에서는 1970~1980년대 진행된 한국의 도시화 과정을 살펴보며 '신속'과 '효율'이라는 이름 아래 소외된 것들은 무엇인지 살펴보겠습니다.

군사독재 정권의 '국토개발'

박정희에서 전두환으로 이어지는 군사독재 정권은 '국토개발'을 강조했습니다. 도시를 개발하고 자연 자원을 최대한 이용해야 경제성장을 효율적으로 이뤄 내고 국민의 생활도 편리해진다는 명분이었어요. 국토개발은 강력한 통제력을 가진 군사정권만이 성공적으로 이뤄 낼 수 있다고 주장하며 정권의 정당성을 확보했지요.

국토개발의 첫 단추는 수도 서울이었습니다. 서울의 높은 인구밀도는 1960년대 중반부터 이미 심각한 문제였습니다. 정부는 이 문제를 '신속하게' 해결하고자 했고 서울 개발에 '방해'되는 것은 말끔히 정리했습니다. 문화재와 자연, 심지어 사람까지도요.

도로를 정비하고 아파트를 짓기 위해 대한제국 시기부터 있던 전차를 없애고 덕수궁 담장의 위치도 변경했습니다. 서울의 청계천도 콘크리트로 덮고 고가도로를 만들었어요. 그리고 산동네의 판잣집을 전부 헐어 버리고 아파트 10만 호를 지으려 했습니다. 이 모든 계획이 수립되기까지 걸린 시간은 단 일주일이었습니다.

이런 졸속(어설프고 빠른) 행정은 부실 공사로 이어졌어요. 이때 건설된 서울의 와우아파트는 완공된 지 4개월도 되지 않아 붕괴되며 입주민 34명이 사망하고 40명이 부상당하는 참사가 발생했습니다. 신속한 개발이 사람의 목숨을 앗아간 것입니다.

서울의 아파트 건설은 수도에 더 많은 사람이 살 수 있게 하기 위함이었으나 이로 인해 거주지를 잃는 사람도 있었습니다. 가난한 노동자들이 주로 살던 판자촌의 무허가주택은 모두 철거되었어요. 이처럼 '신속'과 '효율'을 내세운 도시개발은 도시 하층민들에게 폭력으로 다가왔습니다. 1960년대 중반에는 서울의 숭인동, 문배동, 한남동, 천호동, 청계천 등의 철거민들이 구청이나 시청에 난입해 시위를 벌이는 일도 많았어요.

1960년대 말부터 정부는 서울 시내 무허가 판자촌에 거주하는 주민 15만 명을 경기도 광주군(지금의 성남시 지역)으로 강제 이주시킵니다. '도시 정비'를 내세워 서울에서 하층민들을 쫓아낸 것이죠. 그러면서 정부는 이주하는 사람들에게 주택을 제공하겠다고 약속합니다. 그러나 광주군에 도착한 주민들은 예상과

1970년 광주 대단지의 모습

는 다른 광경을 마주하게 됩니다. 주택을 주겠다고 약속한 곳은 허허벌판이었어요. 정부는 땅을 주었으니 집은 알아서 지으라는 입장이었고 한 가구당 군용 텐트 하나가 전부였습니다.

도로가 뚫리지 않아 다른 지역으로 통행할 수도 없었고 심지어 상하수도, 전기, 화장실 등 기반시설이 전혀 없어서 일상생활이 불가능했어요. 결국 분노한 6만 명이 경찰서 등을 파괴하는 일이 벌어졌습니다. 이 사건이 박정희 정부 시기 최대 도시 봉기인 '광주 대단지 사건'입니다. 주민들의 거센 저항에 정부는 상하수도 시설 건설과 일자리 제공을 위한 공장 설립을 약속하게 됩니다.

도시를 떠돌던 '부랑인'은 어디로 사라졌나요?

한국전쟁으로 부모를 잃은 전쟁고아의 숫자는 약 10만 명에 달했습니다. 성장기에 제대로 된 보호와 교육을 받지 못한 이들 대부분은 거리를 떠돌아다니며 살아가는 '부랑인'이 되었습니다. 1962~1964년 사이 부랑인으로 단속된 사람의 숫자는 약 7만 명입니다. 군사독재 정부는 '국토개발'과 '경제성장'을 내세웠지만 1970년대 후반으로 갈수록 고아와 부랑인 문제는 더욱 심각해졌습니다. 이들의 숫자는 계속 늘었지만 이들을 위한 적절한 지원은 이루어지지 않았어요.

군사정권은 뉴스와 신문 등 미디어를 이용해 부랑인들을 범죄자나 사회 정화 대상으로 낙인찍었어요. 군사정권이 말하는 사회 정화란 부랑인을 '비정상'으로 취급하고 이들을 단속하고 검거해 사회로부터 격리하는 것이었습니다. 경제적 빈곤을 '비정상'으로 규정한 것이지요. 그리고 이러한 낙인 때문에 부랑인을 불편한 시선으로 보는 사람들도 늘어났습니다. 군사정권은 부랑인을 격리하는 정책을 통해 사람들의 지지를 얻으려 했지요.

정부는 도시의 부랑인들을 마구잡이로 끌고 가 강제 노동을 시켰습니다. 부랑인들을 모아 '국토건설단'이나 '개척단'이라는 이름을 붙여 강원도 대관령, 창원 외감리, 서산 간척지, 장흥 간척지 등으로 보내 농토를 개척하도록 했습니다. 그리고 노동의 대가로 농토를 지급하겠다고 약속했어요. 그러나 이들에게 토지는 지급되지 않았고 국가에 집단 민원을 제기한 끝에 2012년 토지 일부의 소유권을 분할상환받았습니다. 또한 이들은 농토 개척뿐 아니라 소양강댐, 경북선 철도 건설 등 국토개발 사업에 투입되는 등 경제성장의 기반을 다지는 역할을 했지만 부랑인이라는 이유로 노동에 대한 정당한 대가를 받지 못했습니다.

전두환 정권은 부랑인들을 건전한 사회 및 도시 질서를 해하는 자들로 규정해 단속하고 격리했습니다. 정부는 1980년 '사회정화위원회'를 만들어 사회 정화 사업을 실시합니다. 사회정화위원회는 만들어진 지 2개월 만에 '사회악 일제 단속'이라는 이름으로 6만 명이 넘는 사람을 검거했어요. 그리고 '삼청교육대'라는 강제수용소를 만들고 '순화 교육'이라는 명목으로 검거된 이들에게 가혹 행위를 가하고 강제 노역을 시킵니다. 또한 〈사회보호법〉을 만들어 이들을 지속적으로 구금했어요. 전두환 정권이 끝나는 1987년까지 격리된 공간에 수용된 부랑인 숫자는 계속 증가했습니다. 군사정권에서 내세운 '사회 정화'와 '사회 보호'를 국가가 시민을 보호한 것이라고 할 수 있을까요?

이 밖에도 전두환 정권의 이러한 '인간 청소' 면모가 가장 잘 드러나는 대표적 사례는 부산 형제복지원 사건입니다. 서울이 1988년 올림픽 개최지로 결정되자, 전두환은 노숙인과 부랑인을 지속적으로 단속하라는 지시를 내립니다. 올림픽이 치러지는 동안 한국을 방문할 외국인 관광객들에게 거리의 부랑인들을 보여 주고 싶지 않았던 것이지요. 경찰들은 부랑인을 잡으면 승진 가산점을 받았기 때문에 열심히 부랑인 검거에 나섭니다. 그래서일까요? 부랑인이 아니더라도 경찰에 잡히면 그대로 부랑인이 되는 일이 많았어요. 피해자들의 증언에 따르면 기차역에서 TV를 보다가 잡혀가거나 버스에서 잠들어 종점까지 갔다가 잡혀간 사람들도 있었어요. 이들은 부산 형제복지원으로 보내졌습니다.

형제복지원은 그야말로 살아 있는 지옥이었어요. 수용자들은 군대식으로 생활했습니다. 제공되는 식사량은 턱없이 부족했고 공사 현장에 투입돼 강제 노역에 시달렸습니다. 말을 듣지 않으면 신체적·정신적 고문을 해서 심각한 장애를 입은 수용자도 많았습니다.

형제복지원은 1987년 김용원 검사가 복지원의 심각한 인권 탄압 상황을 파악하고 원장 박인근을 기소하면서 세상에 드러나게 됩니다. 이때 형제복지원의 수용인원 3,146명이었으며 미성년자도 900명이 넘었습니다. 그러나 당시 부산시장이 전두환 대통령에게 "박인근은 인품이 훌륭한 사람이다. 그 때문에 부산 거리가 깨끗해졌다"라며 박인근을 옹호했어요. 결국 박인근은 징역 2년 6개월이라는 처벌을 받는 데 그쳤습니다.

형제복지원은 1975년부터 1987년 철거되기까지 총 513명의 사망자가 발생했습니다. 더욱 끔찍한 사실은 사망자들의 시신을 300만~500만 원에 의과대학 해부학 실습용으로 판매했다는 것입니다. '비정상'이라고 낙인찍힌 사람들의 인권을 무참히 짓밟는 일이 마치 큰 문제가 아니라는 듯 자행된 것입니다.

현재 우리 사회는 구성원을 포용하고 있나요?

'신속'과 '효율'을 강조한 군사독재 정권에서는 원하는 바를 달성하기 위해 사회 구성원을 마음대로 추방하고 착취하는 일이 잦았습니다. 신속과 효율의 다른 이름은 '차별'과 '배제'였습니다. 당시 국가는 '발전'에 필요한 인력만 포용했습니다. 복지제도가 본격 시행된 1960년대 중반부터 전두환 정권이 끝나는 1987년까지 소수의 고숙련 노동자와 고학력자가 우선적으로 복지 대상이 되었습니다. 13장에서 살펴본 노동자 대부분은 물론, 부랑인처럼 사회복지서비스가 필요한 약자들에게 복지는 먼 미래의 일이었습니다. 약자들에게 복지 혜택을 주는 것을 '비효율'적인 것으로 간주했기 때문이지요. 국가 발전에 도움이 된다고 판단한 사람에게는 혜택을 주고, 도움이 되지 않는다고 여겨지는 약자에게는 적용하지 않는 복지를 '복지'라고 부를 수 있을까요?

그러나 이런 모습이 모두 독재정권의 책임일까요? 물론 군사 독재 정권이 부랑인을 비롯한 사회적 약자에 대한 사람들의 미약한 혐오 감정을 정치적으로 이용한 것은 맞지만, 대부분은 부랑인이 사라진 것에 의문을 갖지 않았습니다. 늘 거리에서 볼 수 있던 부랑인들이 사라졌지만 이들이 어디로 갔고 어떻게 살아가고 있는지 아무도 관심을 갖지 않은 것이지요. 부랑인과 같이 살아가던 빈주공화국의 시민에게 전혀 책임이 없다고 말할 수 있을까요?

시민이 관심 갖지 않으면 사회적 약자는 국가 권력으로부터 손쉽게 배제당합니다. 여러분은 미군 '위안부'가 있었다는 사실을 알고 있나요? 한국전쟁 이후 한국에 미국 군대가 주둔하기 시작했고, 미군 부대 근처에는 성매매 여성들이 있었습니다. 이들을 '기지촌 여성'이라 부릅니다. 이러한 '기지촌'은 미군들이 한국에서 불만 없이 생활하도록 미군이 한국에 요청하고 한국

정부가 이를 받아들이면서 생겨난 것이었어요.

1961년 〈윤락행위등방지법〉을 제정해 성매매를 금지했지만, 이듬해 정부는 성매매를 정부 차원에서 관리하는 '특정 지역' 104개소를 전국에 설치했어요. 경찰은 이 지역의 기지촌 여성에 대해 정기적으로 성병 검사를 실시했습니다. 이 검사는 기지촌 여성들이 아닌 미군의 건강을 위한 것이었고 성병 검사와 치료는 강제로 이뤄졌습니다. 반면 정부는 기지촌 여성을 위한 어떤 보호 조치도 하지 않습니다. 미군이 기지촌 여성을 폭행하거나 심지어 살해하는 일도 있었는데도 말이지요. 기지촌 여성들을 미군을 위해 살리거나, 미군에 의해 죽도록 내버려 둔 셈입니다.

그러던 1971년 12월 22일, 정부는 기지촌을 적극적으로 육성하고 관리하기로 합니다. 기지촌 여성들이 있어야 미군들로부터 외화를 벌어들일 수 있었기 때문이지요. 따라서 정부는 기지촌 여성들을 대상으로 정기 강연회를 개최해 그들을 달러를 벌어들이는 애국자로 추켜세웠습니다. 심지어 강연장에서 "조국 경제 발전에 기여해 온 소녀들의 충정은 진실로 칭찬할 만하다"라고도 했지요. 정부가 성매매를 대놓고 조장한 셈입니다.

1966년 무렵 기지촌은 전국에 62개였고, 기지촌 여성은 3만 명이 넘었습니다. 1980년대 초 그 숫자는 2만 명까지 감소했고

1990년대 중반 이후 한국인 여성의 숫자는 감소하고 있지만 그 자리를 필리핀이나 러시아에서 온 외국인 여성이 채웠습니다.

2014년, 기지촌 여성들은 국가를 대상으로 손해배상 소송을 제기했습니다. 2018년 법원은 "정부는 기지촌 내 성매매 방치와 묵인을 넘어 적극적으로 조장하고 정당화했다"라며 국가에 배상 책임이 있다고 판결했습니다. 하지만 일본군 '위안부' 사안만큼 사회적으로 주목받지는 못했어요.

지금까지 우리는 박정희, 전두환으로 이어지는 군사독재 시절에 신속과 효율이라는 이름으로 벌어진 사회적 배제와 차별, 폭력에 대해 살펴보았습니다. 이러한 인권 탄압에 대한 책임은 독재정권에 있겠지만, 당시 시민들이 사회적 약자에게 좀 더 관심을 가졌다면 어땠을까 하는 아쉬움이 남습니다.

그렇다면 현재 우리 사회에는 어떤 이들이 시민들의 무관심 속에서 차별받고 배제되고 있을까요? 우리 사회가 포용하지 않고 있는 이들은 누구인지, 어떤 형태로 배제되고 있는지 이야기를 나눠 봅시다.

너의 생각을 들려줘

채식주의자와 성소수자가 배제되고 차별받고 있다고 생각한다. 특히 우리나라는 채식주의자에 대한 배려가 부족하다. 굳이 채식주의자 앞에서 고기 이야기를 꺼내거나 비건 음식을 조롱하는 일이 빈번하다. 또 동성애를 정신병이라고 생각하거나 심지어 더럽다고 혐오하는 사람이 여전히 많다. 채식주의자는 고기를 먹지 않아 시장경제에 도움이 안 되고 성소수자, 특히 동성애자는 아이를 낳지 않아 국가에 도움 되지 않는다고 주장하는 경우도 봤다. 이런 것을 보면 그들은 '효율'과 '정상성'이라는 이름 아래 차별받고 있는 것 같다.

나는 사회복무요원이 떠올랐다. 사회복무요원 제도는 군인으로 복무하기에 어려움이 있는 사람을 관공서 등에서 대신 복무하게 하는 제도다. 우리 학교에도 사회복무요원 선생님이 계셔서 궁금한 마음에 검색해 본 적이 있는데, 국제노동기구에서 사회복무요원을 강제 노동으로 규정하고 있다고 한다. 이것 역시 국민을 국가에 동원하는 '신속'과 '효율'의 유산인 것 같다. 사회복무요원이 된 사람들은 신체적 또는 정신적으로 힘든 부분이 있는 것인데, 이제 선진국 대열에 든 우리나라가 그런 사람들까지 강제로 일을 시키는 것은 지금 시대와 맞지 않는 것 같다.

'장애 이해 교육' 시간에 한국의 지체장애인이 버스를 타고 외출하는 영상을 보았다. 버스정류장까지 가는 길이 휠체어가 다니기 힘들 만큼 좁아 사고가 날 뻔했고, 정류장에 도착한 후에는 휠체어가 탈 수 있는 버스가 없어 두 시간 동안 버스를 기다려야 했다. 영상을 보며 내가 왜 그동안 길에서, 버스에서 휠체어를 탄 사람을 많이 보지 못했는지 알 수 있었다. 대중교통을 타고 이동하는 일은 장애인에게 너무 힘들고 많은 위험을 감수해야 하는 일이었던 것이다. 또 장애인의 탑승으로 출발이 지연된다며 장애인에게 눈치를 주거나 따가운 시선을 보내는 경우가 많다. 장애인이 차별받으며 무관심 속에서 살아가고 있다는 것을 사람들이 모르지 않을 텐데 왜 사회는 바뀌지 않을까? 장애인 차별에 대한 인식 개선뿐 아니라 사회적 약자에게 포용의 손길을 건넬 실질적인 방법도 함께 고민해 보면 좋겠다.

13장

1987년 6월, 대한민국의 민주화는 완성되었나요?

●

1980년 5·18민주화운동을 잔인하게 진압한 전두환은 박정희처럼 통일주체국민회의에서 대통령으로 당선됩니다. 몇 달 뒤 그는 7년 임기의 대통령 단임제↓로 헌법을 개정하고 다시 대통령에 취임합니다. 이 헌법에 따르면 '대통령 선거인단'으로 선출된 사람만 대통령 투표권을 가졌는데, 신군부는 자신들의 지지자를 선거인단에 대거 포함시켰어요. 대통령이 연임하지 못한다는 변화가 있었지만 국민들은 이번에도 국가의 최고 지도자를 선택하는 주권을 행사하지 못했습니다.
정당성 없는 권력으로 출범한 전두환 정부는 국민들의 반발을 잠재우기 위해 여러 유화 조치를 내놓습니다. 야간 통행금지↓↓를 폐지하고 두발 및 교복 자율화를 시행하는 등 그간 국민을 억압하던 정책을 없애고 프로 야구와 프로 축구 리그를 창설해 자유로운 분위기를 조성하는 듯했습니다. 그러나 이러한 유화정책에도 불구하고 국민들의 민주화 요구는 점점 거세졌으며 전두환의 임기가 끝나는 1987년 정점에 이릅니다.

↓ 한 사람이 해당 직위에 한 번만 임용되는 제도.

↓↓ 밤 시간대에 일반인의 통행을 금지한 제도. 1945년부터 시행되어 오다가 1982년 초에 폐지되었다.

한 사회가 민주화되려면 무엇이 필요할까요?

대한민국은 정부 수립 이후부터 전두환 정권에 이르기까지 독재정치가 이어졌습니다. 1972년 박정희가 유신헌법을 만든 이래 1987년까지 국민이 직접 대통령을 선출한 적이 단 한 차례도 없었지요. 따라서 1980년대 민주화란 국민이 대통령을 뽑을 권리를 되찾는 것이었어요.

1987년 6월 민주항쟁은 현재 대한민국의 정치 형태인 대통령 직선제와 대통령 5년 단임제를 이뤄 낸 계기가 되었습니다. 국민의 손으로 직접 대통령을 뽑을 수 있게 된 것이죠.

이에 따라 1987년 이후 2022년까지 여덟 명의 대통령이 당선되었고 정권 교체는 평화롭게 이뤄졌습니다. 군사 정변처럼 물리력이 아닌 선거라는 민주적이고 평화적인 수단으로 정권이 바뀌는 것이 당연한 사회가 되었지요. 그러나 국민을 대표해 권력을 행사하고 국정을 운영할 사람을 선출하는 것으로 민주화가 완성되었다고 볼 수 있을까요? 1987년에 일어난 사건을 중심으로 현재 우리는 민주화된 사회에 살고 있는지, 사회가 민주화되려면 무엇이 필요할지 생각해 보겠습니다.

대통령 직선제를 어떻게 이뤄 냈나요?

전두환은 간선제를 통해 대통령에 취임했습니다. 시민들을 총칼로 억누르며 정권을 장악했기에 민주화 운동가와 시민 들은 전두환 임기 내내 민주화를 요구하며 저항했습니다. 이들은 특히 5·18민주화운동의 진상규명과 책임자 처벌을 주장했는데, 이는 전두환 정부가 5·18민주화운동을 '공산주의자들의 폭동'이라 왜곡하고 국가 권력을 동원한 시민 학살을 은폐했기 때문입니다. 그러나 이러한 요구는 수용되지 않았어요. 무고한 시민들을 죽여 가며 정권을 잡았다는 사실을 인정하려 하지 않았기 때문입니다.

민주화 운동가들이 강력하게 요구한 또 하나는 헌법 개정이었습니다. 대통령 직선제로 헌법을 개정해 국민이 직접 대통령을 뽑아야 한다는 것이었죠. 그러나 정부는 이러한 요구를 폭력으로 짓밟았습니다. 경찰이 민주화를 요구하는 시위에 참여한 사람들을 붙잡아 각종 고문을 하는 일이 빈번했습니다. 그러던 중 민주화 시위에 참여한 서울대학교 학생 박종철이 경찰에 체포되었어요. 박종철은 물고문, 전기 고문 등으로 1987년 1월 14일 사망합니다. 이것이 '박종철 고문치사 사건'입니다.

경찰은 사건을 은폐하려 했습니다. 박종철이 고문받다가 죽은 것이 아니라 조사 과정에서 심장 쇼크사⁝ 했다고 발표했어요. "심문 도중에 수사관이 책상을 탁 치니 억 하고 죽었다"라고 해 온 국민의 분노를 샀습니다. 결국 박종철을 부검⁝⁝한 의사의 소견서가 언론에 공개되었는데, 물고문으로 인한 질식사가 유력하다는 의견이었습니다. 살인적 고문으로 스물한 살 청년을 죽음에 이르게 한 전두환 정권의 폭력성과 그것을 은폐하려 하는 부도덕함에 전 국민이 들고일어났습니다.

시위는 갈수록 규모가 커졌어요. 3월 3일, 박종철의 49재를 맞아 전국에서 대규모 시위가 일어납니다. 이를 막기 위해 시위 현장에 많은 경찰이 배치되고 서울을 비롯한 대도시의 5층 이상 건물의 옥상이 모두 봉쇄되었습니다. 그럼에도 사람들은 굴하지 않고 투쟁을 이어 갔어요. 시위의 목적은 독재정권의 잔혹한 고문을 뿌리 뽑고 헌법을 개정해 대통령을 국민이 직접 뽑

⁝ 쇼크 증세를 일으켜 사망하는 일.

⁝⁝ 시신을 해부해서 사망의 원인, 시간, 장소 따위를 의학적으로 확인하는 일.

도록 하는 것이었습니다. 시위가 거듭되자 4월 13일, 전두환은 〈대국민 담화문〉을 발표합니다.

> "본인은 온 국민의 정치적 결단으로 탄생된 이 헌법을 끝까지 준수하고 그대로 실천하는 것이 대통령으로서 책무를 다하는 것(이라 믿어 왔습니다.) … 본인은 임기 중 개헌이 불가능하다고 판단하고 현행 헌법에 따라 내년 2월 25일 본인의 임기 만료와 더불어 후임자에게 정부를 이양할 것을 천명하는 바입니다. … 개헌 타령에만 골몰하여 불법과 폭력으로 사회 혼란을 조성하고 국민 생활을 불안하게 하는 일이 있다면 본인은 국민 생활의 안전과 사회질서의 유지를 위해서 헌법이 대통령에게 부여하고 있는 모든 권한에 따라 단호하게 대처할 것임을 밝혀두는 바입니다. … 본인은 자유민주주의 체제를 전복하려는 폭력 좌익 세력을 엄정하게 다스리고 전환기에 해이해지기 쉬운 사회 기강을 엄격하게 확립함으로써 국기를 튼튼히 다져 나갈 것입니다."

담화문의 주 내용은 대통령 간선제를 계속 유지하고 신군부 세력이 대통령직을 이어받겠다는 것이었어요. 더불어 대통령 직선제로 개헌하자는 시위는 자유민주주의를 해치는 공산주의자들이나 하는 행동이니 공권력으로 막겠다는 것입니다. 이 담화문을 4·13호헌⇣ 조치라고 합니다. 호헌조치는 시민들의 민주화를 향한 열기에 기름을 끼얹은 격이었어요. 시위의 규모와 횟수는 점점 늘어 갔습니다. 1987년 6월은 한 달 내내 전국에서 동시다발적인 시위가 이어졌어요.

6월 9일, 연세대학교에서 학생 50여 명이 경찰과 대치하고 있었습니다. 경찰은 민주화를 요구하며 시위 중인 학생들에게 최루탄을 직격으로 발포했고, 최루탄을 맞아 학생 이한열이 사망하게 됩니다. 이 소식이 전국에 알려지면서 학생들과 시민들이 더욱 격렬히 저항합니다.

6월 10일, 서울을 비롯한 전국 22개 주요 도시에서 약 24만 명의 학생들과 시민들이 시위에 동참했습니다. 정부는 6만여 명의 경찰을 투입했으나 전국으로 흩어진 경찰이 감당하기에는 시위대의 규모가 너무 컸어요. 도로의 차량들이 경적을 울렸고 시민들은 "호헌 철폐, 독재 타도"를 외쳤습니다. 6월 18일에는 전국 16개 도시 247곳에서 150여만 명이 모였고, 6월 26일에는 130여만 명이 거리로 쏟아져 나왔어요. 이날 시위를 막기 위해 전국적으로 10만여 명의 경찰이 투입되었지만 역부족이었습니다.

⁝ 헌법을 보호하며 지킨다는 뜻. 여기서는 대통령 간선제인 당시 헌법을 말한다.

1987년 6월 26일 제주도 서귀포에서 일어난 6월 항쟁의 모습

6월 29일, 마침내 전두환 정권은 국민의 저항에 굴복했습니다. 5년 단임의 대통령 직선제를 비롯해 언론의 자유, 국민 기본권 보장 등을 핵심으로 하는 헌법 개정이 이루어졌어요. 이로써 유신헌법으로 빼앗겼던 대통령 직선제를 16년 만에 되찾았습니다.

선거는 국민의 의사를 제대로 반영하는 제도인가요?

1987년 12월 16일, 16년 만에 국민이 직접 대통령을 뽑는 선거가 치러졌습니다. 그런데 결과는 놀라웠습니다. 신군부 세력이었던 노태우 후보가 36.6%의 득표율로 당선된 것입니다. 6월 내내 이어진 항쟁을 보아도 알 수 있듯, 전두환 정권과 신군부 세력에 대한 국민의 반감은 매우 컸어요. 도대체 어떻게 된 것일까요?

민주화 운동을 이끈 김영삼과 김대중이 대통령 후보로 각자 출마한 것이 원인이었습니다. 두 후보는 선거에서 각각 28%, 27%의 득표율을 얻었습니다. 김영삼과 김대중을 지지한 사람들을 신군부 세력에 반대하는 시민이라고 본다면 이들이 55%로 절반 이상입니다. 그러나 가장 많은 표를 얻은 후보가 당선되는 선거 제도상 노태우 후보가 당선된 것이지요.

전국적인 민주화 운동으로 선거제도를 바꾸었지만 결국 다수의 국민이 원하지 않던 후보가 대통령이 된 것을 어떻게 평가해야 할까요? 민주주의의 핵심이라 여겨지는 선거는 과연 국민의 의사를 제대로 반영하고 있는 걸까요?

1987년 이후 치러진 여덟 차례의 대통령선거에서 투표권자의 과반 득표로 당선된 후보는 제18대 대통령인 박근혜뿐입니다. 그러나 그조차 탄핵으로 임기를 끝마치지 못했으니 헌법이 개정되고 35년이 지나는 동안 과반수의 선택과 지지를 받은 대통령은 한 명도 없었다고 볼 수 있습니다. 이처럼 국민의 대표자가 국민 절반의 지지도 얻지 못한다면 국가의 운영이 국민의 뜻대로 될 수 있을까요?

이처럼 다수결로 국민의 대표를 선출할 때 생기는 문제점을 보완하기 위해 등장한 제도가 '결선투표제'입니다. 결선투표제는 1차 투표 때의 최다 득표자가 과반의 지지를 얻지 못하면 1, 2위 득표자를 대상으로 재투표를 실시해 당선자를 결정하는 방식이에요. 현재 프랑스와 중남미 국가들에서 시행되고 있으며 우리나라에서도 현행 대통령선거 제도의 대안으로 논의되고 있어요.

국민을 대신해 정치 권력을 행사할 대표를 선출하는 것 외에 국민이 직접 정치에 참여하는 방법은 없을까요? 2020년 정치권에서 '국민 발안제'를 도입해야 한다는 논의가 있었습니다. 이때 논의된 국민 발안제는 국민이 헌법 개정의 주체가 될 수 있도록 하는 것이었습니다. 현재는 대통령이나 국회 재적의원 과반수 이상만 헌법 개정을 발의할 수 있어요. 오늘날의 제도에서 국민은 정해진 주제에 투표할 뿐, 투표 주제를 결정하지는 못하는 것이지요. 국민 발안제를 도입해 국민이 직접 논쟁적 주제를 정하고 참여하게 하는 것은 너무 이상적인 일일까요?

흔히 선거를 민주주의의 꽃이라고 부릅니다. 국가의 주권이 국민에게 있음을 증명하는 제도이기도 하지요. 그러나 선거권 보장만으로 민주주의가 완성되었다고 볼 수 있을까요? 모든 정치제도는 완벽하지 않고 한계가 있습니다. 국민들이 우리 사회의 주권자로서 정치에 더 많이 참여할 수 있으려면 현재의 제도가 갖는 한계를 보완할 방법을 궁리해야 할 것입니다. 우리 사회가 더욱 민주적인 사회가 되기 위해서는 무엇이 마련되어야 할까요?

일상의 민주화를 위해 필요한 것은 무엇일까요?

한국의 민주화 과정은 참으로 치열했습니다. 이승만 독재에 맞서 4·19혁명이, 박정희 독재에 맞서 부마항쟁이 일어났지요. 이어진 전두환 독재를 5·18민주화운동과 6월 항쟁으로 끝냈습니다. 그리고 2016년엔 박근혜 정부 국정농단 사건에 대항해 대규모 촛불집회가 있었지요. 이처럼 민주화를 위한 끊임없는 투쟁은 민주화에 대한 한국인의 열망이 얼마나 큰지 보여 줍니다.

한편으로는 대규모 민주화 운동이 60년 넘게 이어질 수밖에 없는 상황은 한국의 민주주의가 얼마나 불안정한지 생각하게 합니다. 물론 완성된 민주주의란 있을 수 없고, 민주주의를 지키기 위한 노력은 계속되어야 합니다. 이를 위해서는 우리 사회에 아직 민주화가 이뤄지지 못한 부분은 없는지 돌아보고 바꿔나가려는 노력이 필요합니다. 어떤 것이 있을까요? 여러분이 오랜 시간 생활하는 학교와 일터를 한번 살펴볼까요?

〈교육기본법〉 제2조에 따르면 교육의 목적은 “민주시민으로서 필요한 자질을 갖추게” 하는 것입니다. 그러나 학생들은 학교에서 민주시민으로 성장하기에 적합한 교육을 받고 있나요? 학생들이 학교의 교칙이 부당하다며 시위를 벌였다고 해 봅시다. 학생들이 민주시민으로 잘 성장하고 있다며 지지하는 교사가 많을까요? 학교에서 민주주의라는 정치제도와 선거제도는 가르치지만 민주적으로 논의하고 결정하며 행동하는 방법에 대해서는 알려 주지 않습니다. 민주시민 교육에서 가장 중요한 것은 민주주의자를 키우는 일이 아닐까요?

일터에서는 어떨까요? 노동자들이 기업의 운영 방침을 결정할 권한이 있나요? 한국은 물론 전 세계의 기업 대부분은 기업주가 운영 방침 등을 결정합니다. 하루의 8시간 이상을 보내는 곳임에도 운영 방향을 노동자가 직접 결정하지 못하는 것입니다. 만약 투표를 통해 회사의 대표를 결정할 권한이 노동자에게 있다면 기업주의 부당한 지시에도 노동자들이 저항하지 못하는 사례가 적어지지 않을까요?

현재 유럽에는 노동자가 기업의 이사가 될 수 있는 '노동이사제'를 도입한 곳이 많습니다. 독일의 기업 대부분은 이사진 중 노동이사의 비율이 50%이며, 이를 통해 주요 경영정책을 결정할 때 노동자의 의견이 반영됩니다. 한국도 2022년 8월부터 131개의 공공기관에 노동이사제를 도입할 예정이라고 해요. 일터에서부터 민주화가 이뤄지면 우리 사회도 더 단단한 민주주의로 한 걸음 나아갈 수 있지 않을까요?

지금까지 한국의 민주화 과정과 오늘날의 모습을 살펴보며 민주화란 무엇인지 생각해 보았습니다. 선거와 투표, 다수결 역시 완벽한 제도는 아니었습니다. 또한 경제생활과 학교생활 속에서도 여전히 민주화가 필요한 부분이 있고, 민주적 의사결정을 보장하는 제도들이 조금씩 마련되고 있지요. 이외에도 우리 사회에는 민주적이지 못한 부분이 여전히 많을 것입니다. 진정한 민주화를 위해서는 우리 일상 속에도 민주주의가 자리 잡아야 할 것입니다. 지금 민주주의가 필요한 곳은 어디이고 어떤 방식으로 민주화가 이루어져야 할까요?

너의 생각을 들려줘

학교에서 토론할 기회가 많아야 할 것 같다. 학교에서 민주주의를 체험할 수 있는 기회는 학기마다 있는 선거인데, 사실 선거가 끝나면 전교 회장이나 학급 회장이 무엇을 하는지 알 수 없을 때가 많다. 학생들 대다수도 물론 관심이 없다. 이번 장을 읽으면서 국민이 관심을 갖지 않으면 대통령은 자기 권력을 유지하는 데에만 힘쓴다는 사실을 배웠다. 학교에서부터 전교 회장, 학급 회장이 일을 잘하고 있는지 공약은 지키는지 점검하고 토론할 기회가 있다면 어떨까? 임원들은 더 잘하려고 노력할 것이고 일반 학생들은 그들의 활동에 관심을 갖게 될 것이다.

우리 일상 속 민주주의가 자리 잡아야 하는 곳은 학교다. 학교는 그저 지식을 배우는 곳이 아니라 작은 사회다. 청소년들은 학교에서 받은 교육을 토대로 사회에 진출해 살아간다. 따라서 학교에 민주주의가 잘 자리 잡는다면 그것이 점차 사회로 확장되어 긍정적인 영향을 줄 것이다. 이를 위해서는 학생 개개인의 권리를 중요시하고 학생이 교칙을 직접 만들 수 있게 하는 등 학생이 학교의 주인으로 행동할 기회가 많아져야 한다. 또한 학생들이 직접 교육감이나 교육부 장관을 뽑을 수 있다면 좋겠다. 그렇게 되면 교육 정책에 학생의 의사가 잘 반영될 수 있고, 교육감과 교육부 장관도 학생과 교육에 대해 더 깊이 고민하고 정책을 결정할 것 같다.

진정한 민주화를 위해서는 부당한 것을 부당하다고 말할 수 있는 사회 분위기가 마련되어야 한다. 민주주의는 모두가 평등한 권리를 갖는다는 데에서 시작된다고 생각한다. 그런데 말로는 누구나 평등하다고 하지만 실제 우리 사회는 불평등한 부분이 여전히 많고, 또 그것을 당연하게 여기는 분위기다. 예를 들어, 우리 학교는 현관에서부터 실내화를 신어야 한다. 미세먼지 방지와 학생들의 안전을 위한 것이라고 학교 다니는 내내 듣게 된다. 그런데 선생님들은 신발을 신고 들어가 교무실에서 실내화로 갈아 신는다. 누구도 여기에 의문을 제기하지 않는다. 만약 학생이 이걸 지적한다면 버릇없는 학생이 될 것이다. 교사와 학생 사이의 불평등을 당연하게 여기기 때문이다. 이에 대해 문제를 제기하는 게 이상한 일이 아닌 분위기를 만든다면 변화가 시작될 수 있을 것 같다. 또한 불평등을 당연하게 여기지 않고 용기 내 나서는 사람이 있다면 다른 사람들 또한 영향을 받아 더욱 민주적인 사회가 될 수 있을 것이다.

책의 기획 과정에서 도움을 받은 자료

이동욱, 〈'백워드' 설계로 매시간 '학생 주도형 토론 수업' 만들기〉, 찾아가는 직무연수 자료집, 경기도교육연수원, 2017.

이동욱·김용천·한슬기·손석영·이충모·맹수용·정의진, 〈논쟁이 살아있는 역사교실 이야기〉, 경기도교육청, 2019.

키스 바튼·린다 렙스틱, 《역사는 왜 가르쳐야 하는가》, 김진아 옮김, 역사비평사, 2017.

1장. 제국주의는 종식되었나요?

국사편찬위원회, 《신편 한국사 37》, 2000.

김동석, 〈프랑스와 구(舊)식민지 아프리카 국가들의 관계 연구〉, 국립외교원 외교안보연구소, 2018. 12.

김육훈, 《민주공화국 대한민국의 탄생》, 휴머니스트, 2012.

박지향, 《제국주의》, 서울대학교출판부, 2000.

베네딕트 앤더슨, 《상상된 공동체》, 서지원 옮김, 길, 2018.

아널드 토인비, 《역사의 연구》, 홍사중 옮김, 동서문화사, 2016.

임동욱, 〈문화제국주의의 비판적 고찰〉, 《한국언론정보학보》 통권 45호, 2009.

제임스 페트라스, 〈20세기말의 문화제국주의〉, 《창작과비평》 통권 81호, 1993.
제임스 페트라스·헨리 벨트마이어, 《세계화의 가면을 벗겨라》, 원영수 옮김, 메이데이, 2008.
하상복, 〈전지구화와 신자유주의의 어두운 이면〉, 《인문과학연구》 제39집, 2013. 12.
〈[독서 오딧세이, 소크라테스와 플라톤③] 플라톤의 이상국가〉, 《라이프인》, 2022. 3. 30.

2장. 민중과 엘리트는 대립하는 관계인가요?

국사편찬위원회, 《신편 한국사 38》, 1999.
국사편찬위원회, 《신편 한국사 39》, 1999.
국사편찬위원회, 《신편 한국사 40》, 2000.
김육훈, 《민주공화국 대한민국의 탄생》, 휴머니스트, 2012.
김정인, 〈동학 · 동학농민전쟁과 여성〉, 《동학연구》 제11집, 2002.
박종인, 《땅의 역사 2》, 상상출판, 2018.
배항섭, 〈19세기 동아시아 민중운동과 여성의 참여〉, 《역사교육》 제152호, 2019.
이동욱, 〈역사 흐름은 소수에 의해 바뀌는가? 다수에 의해 바뀌는가?〉, 2018학년도 숙지고등학교 1학년 한국사 2학기 학습지, 2018.
이이화, 《동학농민혁명사》, 교유서가, 2020.
〈말 타고 장흥 석대들 전투 지휘… 동학혁명 여성 선봉장 이소사〉, 《한겨레》, 2021. 3. 8.

3장. 의병은 정의로운 병사인가요?

강만길, 《고쳐 쓴 한국근대사》, 창비, 2013.

국사편찬위원회, 《신편한국사 43》, 1999.
박시백, 《박시백의 조선왕조실록 10》, 휴머니스트, 2015.
방용식, 〈유인석(柳麟錫)의 문명인식과 위기대응론 고찰〉, 《정신문화연구》 통권 143호, 2016.

4장. 근대식 학교는 사람들에게 기회를 주었나요?

국사편찬위원회, 《신편한국사 45》, 2000.
국사편찬위원회, 《신편한국사 46》, 2000.
김영희, 〈青年諸君(청년제군)에게 時間(시간)의 貴(귀)함을 告(고)함〉, 《개벽》 제13호, 1921. 7. 1〈http://db.history.go.kr/id/ma_013_0130〉.
류방란, 〈개화기 배재학당의 교육과정 운영〉, 《교육사학연구》 제8권, 1998.
배재학당사 편찬위원회, 《배재학당사(통사)》, 학교법인 배재학당, 2013.
손석영, 〈근대 문물은 사람들에게 자유를 주었을까?〉, 2019학년도 하안중학교 3학년 역사2 1학기 학습지, 2019.
유현준, 《공간의 미래》, 을유문화사, 2021.
이봉수, 〈學校(학교)와 社會(사회), 入學生及卒業生諸君(입학생급졸업생제군)에게〉, 《개벽》 제67호, 1926. 3. 1〈http://db.history.go.kr/id/ma_013_0660_0040〉.
이진경, 《근대적 시·공간의 탄생》, 그린비, 2010.
장희권·문재원·박수경, 〈전지구화 과정 속의 타자와 그들의 공간〉, 《코기토》 통권 68호, 2010.
최규진, 《근대를 보는 창 20》, 서해문집, 2007.
한국방송통신대학교, 《근현대 속의 한국》, 한국방송통신대학교출판문화원, 2018.
한슬기, 〈근대 사상과 문물, 한반도 사람들의 삶을 어떻게 변화시켰나?〉, 2020

학년도 용인고등학교 1학년 한국사 2학기 학습지, 2020.

5장. 유관순이 3·1운동을 대표하나요?

국사편찬위원회, 《신편한국사 47》, 2001.
박시백, 《35년 2》, 비아북, 2020.
이동기, 《현대사 몽타주》, 돌베개, 2018.
F. A. MacKenzie, *Korea's Fight for Freedom*, 1920〈https://www.gutenberg.org/ebooks/13368〉.
《독립신문》 제6호, 1919. 9. 6〈http://archive.much.go.kr/archive/newspaper/calendar.do〉.
《독립신문》 제8호, 1919. 9. 13.

6장. 독립전쟁은 자랑스러운 역사가 될 수 있을까요?

공임순, 〈'청산리전투'를 둘러싼 기억과 망각술: '청산리전투'에 대한 이범석의 자기서사와 항(반)일=반공의 회로〉, 《국제어문》 제76호, 2018.
국가보훈처, 〈2018년 국가보훈대상자 생활실태조사〉, 2018. 10.
국사편찬위원회, 《신편한국사 48》, 2001.
김동우, 《뭉우리돌의 바다》, 수오서재, 2021.
김성봉, 〈영주귀국 독립유공자 지원정책의 개선방안〉, 국회입법조사처 《이슈와 논점》 제1219호, 2016. 11. 2.
김용달, 〈한국독립운동에서 무장투쟁의 전개와 의의〉, 《한국독립운동사연구》 제69집, 2020.
박환, 《독립군과 무기》, 선인, 2020.
송우혜, 〈유명인사 회고록 왜곡 심하다: 이범석의 '우둥불'〉, 《역사비평》 통권 15호, 1991.

심옥주, 〈국가보훈과 민족독립운동의 상관성에 관한 연구〉, 《통일전략》 제11권 3호, 2011.
이호용, 〈독립유공자 예우에 관한 법정책적 문제점과 개선방안〉, 《한양법학》 제21호, 2007.
정철호·권영복, 〈독립유공자제도의 보호대상 요건과 범위의 문제점 및 개선방안〉, 《한국보훈논총》 제18권 제4호, 2019.
최기룡, 〈청산리 독립전쟁과 최해〉, 《월간독립기념관》, 1988년 9월호.
〈'독립운동 하면 3대가 망한다' 현실로〉, 《한국일보》, 2015. 8. 14.
〈독립유공자 후손 혜택, 남녀 없이 첫째로… 보훈처도 뒤늦게 안 이 법〉, 《조선일보》, 2021. 5. 10.
〈왜곡된 교과서·영화… 봉오동전투서 사라진 영웅 최진동·최운산〉, 《서울신문》, 2021. 6. 14.
〈이범석 '우둥불'은 자서전 아닌 문학 작품집〉, 《연합뉴스》, 2020. 8. 13.

7장. 일제강점기는 일본인이 조선인을 지배한 시기인가요?

박상수, 〈식민지·점령지 협력자 형성의 면면: 일제하 한국, 중국, 만주, 대만, 베트남 및 독일 치하 유럽의 경험 비교〉, 《아세아연구》 통권 126호, 2006.
박창건, 〈재조일본인 죠코 요네타로(上甲米太郎)의 반제국주의 한일연대론〉, 《일본문화학보》 84호, 2020.
신주백, 〈조선 주둔 일본군('조선군')의 성격과 역할〉, 《동양학》 제39호, 2006.
이동욱, 〈본격적인 '자본주의 군사 독재'가 시작되다 – 1910년대 한반도〉, 2018학년도 숙지고등학교 1학년 한국사 2학기 학습지, 2018.
안태윤, 〈식민지에 온 제국의 여성〉, 《한국여성학》 제24권 4호, 2008.
오카모토 마키코, 〈조선총독부 관료의 민족구성에 관한 기초적 연구-민족문제와 민족격차의 내포〉, 《제2기 한일역사공동연구보고서》 제4권, 2010.

정병욱, 《식민지 불온열전》, 역사비평사, 2013.
주윤정, 〈조선물산공진회와 식민주의 시선〉, 《문화과학》 제33호, 2003.
지수걸, 〈일제 시기 재조선(在朝鮮) 일본인 사회와 조선의 '지방 정치'〉, 《한일공동연구총서 12》, 2007.
진승현, 〈일제강점기 역사 서사를 중심으로 한 스토리텔링의 환경과 그에 따른 문제점과 개선 방안 연구〉, 《한국엔터테인먼트산업학회논문지》 제13권 1호, 2019.
최준채 외, 《고등학교 한국사》, 금성출판사, 2020.
하라 토모히로, 〈재조일본인 교원의 조선체험〉, 《한국사연구》 제153호, 2011.
한긍희, 〈조선총독부의 조선인 도지사 임용정책과 양상〉, 《역사문제연구》 통권 22호, 2009.

8장. 1945년 8월 15일, 한반도 사람들은 해방되었나요?

국사편찬위원회, 《신편한국사 52》, 2002.
김영택, 〈8·15해방 당시 조선총독부가 여운형을 선택한 배경과 담판 내용〉, 《한국학논총》 제29권, 2007.
박도, 《미군정 3년사》, 눈빛, 2017.
서중석, 〈국내 독립운동세력의 해방 후 국가건설방향: 여운형의 인민공화국 인민당신탁통치 관련 문제를 중심으로〉, 《대동문화연구》 제56호, 2006.

9장. 한국전쟁에서 기억해야 할 것은 무엇일까요?

강만길, 《고쳐 쓴 한국현대사》, 창비, 2006.
강준만, 《한국 현대사 산책 1950년대편 1권》, 인물과사상사, 2004.
박태균, 《한국전쟁》, 책과함께, 2005.
〈피카소 찬양하면 反共法(반공법) 위반〉, 《경향신문》, 1969. 6. 9.

10장. 대한민국은 민주공화국이었나요?

김육훈, 《민주공화국 대한민국의 탄생》, 휴머니스트, 2012.
김호기·박태균, 《논쟁으로 읽는 한국 현대사》, 메디치미디어, 2019.
박태균, 《사건으로 읽는 대한민국》, 역사비평사, 2013.
〈「갈아보자」의眞意(진의) 民主黨側(민주당측)에서闡明(천명)〉, 《조선일보》, 1956.5.12.
〈工事費二億六百萬圜(공사비이억육백만환) 南山(남산)의 李大統領銅像除幕(이대통령동상제막)〉, 《경향신문》, 1956. 8. 17.

11장. '잘살아 보세'는 누구를 위한 것이었을까요?

김원, 〈미래는 오래 지속되지 않는다: 박정희 시기 근대화 속에서 잊혀진 이야기들〉, 《역사비평》 통권 84호, 2008.
신순애, 《열세 살 여공의 삶》, 한겨레출판, 2014.
이은희, 〈냉전기 한국 가발공의 탄생(1963~1970)〉, 《역사비평》 통권 135호, 2021.
장남수, 《빼앗긴 일터, 그 후》, 나의시간, 2020.
한석정, 《만주 모던》, 문학과지성사, 2016.
〈[최은경의 옐로하우스 悲歌(비가)]⑬ "말도 안 통하는 미군들 상대로…" 기지촌 여성의 비애〉, 《중앙일보》, 2019. 2. 17.
〈김호기·박태균의 논쟁으로 읽는 70년-(16) 조국근대화론 대 대중경제론〉, 《경향신문》, 2015. 7. 20.

12장. 신속과 효율의 나라가 희생시킨 것은 무엇일까요?

김아람, 〈'배제와 감금: 고아, '부랑인', 여성 수용 문제〉, 《역사교과서가 담지 못한 1960~70년대 사회사》 역사문제연구소 2021 상반기 교원연수 자료집, 2021.
김용원, 《브레이크 없는 벤츠》, 예하, 1993.
박해남, 〈한국 발전국가 시기 사회정치와 부랑인의 사회적 배제〉, 《민주주의와 인권》 제19권 제4호, 2019.12
정수남, 〈거리 위의 사회악 일소(一掃)와 억압권력의 역설〉, 《정신문화연구》 통권 제150호, 2018.
최준채 외, 《고등학교 한국사》, 금성출판사, 2020.
한일여성공동역사교재 편찬위원회, 《여성의 눈으로 본 한일 근현대사》, 한울아카데미, 2011.
한종선·전규찬·박래군, 《살아남은 아이》, 이리, 2014.
〈社會惡事犯(사회악사범) 千(천)3百(백)53명 檢擧(검거) 4차 단속〉, 《동아일보》, 1981. 1. 8.
〈South Korea's unstoppable taste for haste〉, 《BBC》, 2018. 7. 8.

13장. 1987년 6월, 대한민국의 민주화는 완성되었나요?

김누리, 《우리의 불행은 당연하지 않습니다》, 해냄, 2020.
김호기·박태균, 《논쟁으로 읽는 한국 현대사》, 메디치미디어, 2019.
박태균, 〈왜곡된 87년 체제〉, 《역사비평》 통권 119호, 2017.
폴 우드러프, 《최초의 민주주의》, 돌베개, 2012.

이미지 출처

경향신문

국가기록원

국립민속박물관

국립중앙박물관

국립한글박물관

국사편찬위원회 삼일운동 데이터베이스

대한민국역사박물관

독립기념관

몽양여운형선생기념사업회

박건호

서울역사박물관

서울역사아카이브

성남시

이화여자대학교 이화역사관

최운산장군기념사업회

• 이 책에 쓰인 사진과 도판은 절차에 따라 저작권자의 허락을 받아 사용했습니다.
저작권자를 찾지 못해 게재 허락을 받지 못한 일부 자료에 대해서는 저작권자가 확인되는 대로 허락을 받고 사용료를 지불하도록 하겠습니다.

역사를 질문하는 역사 2

1판 1쇄 발행일 2022년 8월 29일
개정판 1쇄 발행일 2022년 10월 3일
개정판 2쇄 발행일 2023년 4월 17일

지은이 최광영

발행인 김학원
발행처 (주)휴머니스트출판그룹
출판등록 제313-2007-000007호(2007년 1월 5일)
주소 (03991) 서울시 마포구 동교로23길 76(연남동)
전화 02-335-4422 **팩스** 02-334-3427
저자·독자 서비스 humanist@humanistbooks.com
홈페이지 www.humanistbooks.com
유튜브 youtube.com/user/humanistma **포스트** post.naver.com/hmcv
페이스북 facebook.com/hmcv2001 **인스타그램** @humanist_insta

편집주간 황서현 **편집** 이여경 이영란 **디자인** 유주현
조판 홍영사 **용지** 화인페이퍼 **인쇄·제본** 정민문화사

ISBN 979-11-6080-883-4 43910
ISBN 979-11-6080-907-7 44910(전 2권)